桂勝 桂故

〔明〕張鳴鳳 撰

广西师范大学出版社
GUANGXI NORMAL UNIVERSITY PRESS
·桂林·

項目統籌：賓長初
責任編輯：馬豔超
責任校對：郭洋辰
責任技編：余吐艷　郭　鵬
美術編輯：楊　威

圖書在版編目（CIP）數據

桂勝；桂故 /（明）張鳴鳳撰．—桂林：廣西師範大學出版社，2017.10
ISBN 978-7-5598-0355-9

Ⅰ．①桂… Ⅱ．①張… Ⅲ．①廣西—地方志 Ⅳ．①K296.7

中國版本圖書館 CIP 數據核字（2017）第 241791 號

廣西師範大學出版社出版發行
（廣西桂林市中華路 22 號　郵政編碼：541001
網址：http://www.bbtpress.com）
出版人：張藝兵
全國新華書店經銷
桂林金山文化發展有限責任公司印刷
（廣西桂林市中華路 22 號　郵政編碼：541001）
開本：787 mm × 1 092 mm　1/16
印張：43　　插頁：3　　字數：700 千字
2017 年 10 月第 1 版　　2017 年 10 月第 1 次印刷
定價：800.00 元

桂勝序

粵自神禹鑄鼎象九州凡寓內
山川載在職方者蓋詳矣乩然
其大者固按牒可攷若阻遠幽
窅或闃眺所未及即書不具載
載不加詳而山川之勝槩與夫
徃哲之芳蹟迬徃幾于堙滅希
縱方外者恒三竊嘆云余不佞

國家圖書館藏明萬曆十八年刻本桂勝　劉繼文序（2-1）

不孤哉是可為桂之山川賀矣余因命臨桂何令太庚授之剞劂氏以廣其傳云旹

萬曆庚寅孟春之吉

欽差總督兩廣軍務兼理糧餉帶管鹽法兼巡撫廣東地方兵部右侍郎兼都察院右僉都御史中都節齋劉繼文撰

嘗讀柳子厚訾家洲記稱桂林多靈
山拔地峭起林立四野意欣然嚮之
顧去松數千餘里欲一登眺無繇也
萬曆己丑夏會余奉
命塡撫西陲道衡湘入桂林驟見石峯
交立雲表左顧右盼令人轇轕久迺
知郭以內為獨秀疊綵華景諸山其
外則棲霞彈丸龍隱峙其左隱山西

探奇好古如司馬公搦管能文如羽王氏者出以續全省之勝以補文獻之遺豈不尤偉也哉此亦司馬公意也余請注目以竢旹

萬曆庚寅清和穀旦

欽差巡撫廣西地方都察院右副都御史前兵科都給事中侍經筵官華亭蔡汝賢撰

桂勝第一卷

始安灘山人張鳴鳳論次

獨秀山

踞城稍東凝秀獨出嶺與衆山遠故曰獨秀

國初考卜其陽為

靖江宮殿朱邸四達周垣重遶蒼翠所及皆

禁籞閟地以故形亭畫觀上出雲表下瞰清

池最為諸山巖觀焉外人鮮得至者山故刻

有孔子像桉圖乃元人所為及見鄭叔齊記

國家圖書館藏明萬曆十八年刻本桂勝首卷首葉

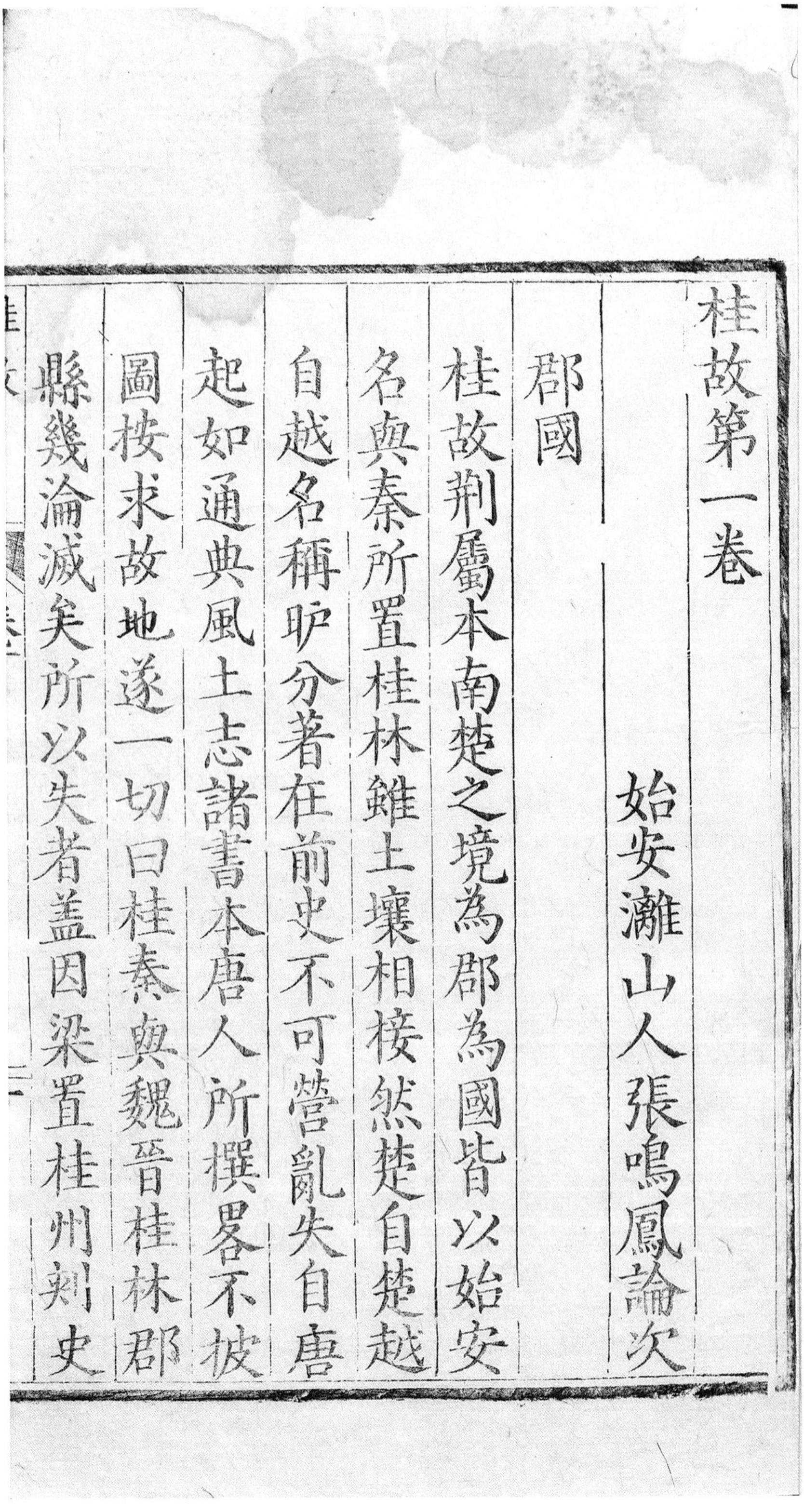
桂故第一卷

始安灘山人張鳴鳳論次

郡國

桂故荆屬本南楚之境為郡為國皆以始安名與秦所置桂林雖土壤相椄然楚自楚越自越名稱昉分著在前史不可營亂失自唐起如通典風土志諸書本唐人所撰畧不披圖按求故地遂一切曰桂秦與魏晉桂林郡縣幾淪滅矣所以失者盖因梁置桂州刺史

國家圖書館藏明萬曆十八年刻本桂故首卷首葉

出版説明

《桂勝》十六卷《桂故》八卷，明桂林張鳴鳳著。明鈔本，綫裝，三册，係陸心源皕宋樓舊藏，今存日本静嘉堂文庫。鈐印有『遇讀者善』『知聖道齋藏書』『南昌彭氏』『静嘉堂珍藏』。

張鳴鳳，字羽王，號灕山人、陽海山人、陽海居士，明廣西桂林府臨桂縣人，生卒年不詳。據清嘉慶年間謝啓昆修、胡虔纂《廣西通志》卷六十九『選舉表九』，鳴鳳係明嘉靖三十一年壬子（一五五二）舉人。嘉靖三十九年（一五六〇），鳴鳳任廣東韶州府仁化縣教諭，嘉靖末任廣東雷州府推官，隆慶初左遷南直隸廬州府六安州判官，隆慶五年（一五七一）任浙江杭州府經歷，陞應天府通判。據鳴鳳《漕書》卷首序，鳴鳳在應天府通判任上著有《漕書》。《漕書》凡八篇，計有《漕政篇》《漕司篇》《漕軍篇》《漕河篇》《漕海篇》《漕舡篇》《漕倉篇》《漕行篇》。《四庫全書總目》評其所撰《漕書》『專論漕運利弊』，『力主海運之利。又以漕船工料不堅，入水易破，欲采木川湖，大治萬餘艘，斥餘材以支數十年用。又以丹陽、京口並出於江，水淺船多，欲別開運道，由孟瀆趨白塔河至揚州。其説頗多難行』。萬曆三年（一五七五），鳴鳳坐遷四川利州保寧府，往返京蜀，沿途閱覽勝跡、碑刻，作《西遷注》一卷，所載碑刻多載全文，有裨考證。繼而授桂林府通判，至年邁辭官，居桂林灕山（今象山）下，仍筆耕不輟。萬曆十七年（一五八九），兩廣總督兼兵部右侍郎劉繼文及廣西布政使管世臣、徐君羽聘請張鳴鳳編修桂林新志。鳴鳳經多年整理剪輯，終成《桂勝》十六卷《桂故》八卷。萬曆十九年（一五九一）廣西巡撫蔡汝賢囑鳴鳳主持纂修《廣西通志》，志書未成而鳴鳳卒，志稿遺失。鳴鳳歿後，其孫釋超撥整理其遺作，『因從全稿内録其十分之二付之剞劂』，成《羽王先生集略》。《四庫全書總目》卷一百七十八『集部三十一　別集類存目五』評論《羽王先生集略》曰：『删削無識，往往去其菁華，搴其蕭艾，已非鳴鳳之舊矣。』鳴鳳平生著作豐富，詩文有《浮萍集》一卷、《東瀋集》一卷，以及《河埴》《謫臺》《粵臺》諸稿，今皆散佚。清初汪森編《粵西詩載》，録其描寫桂林山水之古近體詩作十六首。鳴鳳與嘉靖七子之王世貞、吴國倫等名士唱酬吟詠，過往甚密，詩文之名享譽海内。《（嘉慶）廣西通志》卷二百五十八、《（嘉慶）臨桂縣志》卷二十八、《（光緒）廣西通志輯要》卷三、《（光緒）臨桂縣志》卷二十八、《明詩紀事》己籤卷十等并有傳。另，劉漢忠撰有《張鳴鳳傳》，見《廣西文史》二〇〇八年第三期第五三頁。明沈明臣《豐對樓詩選》卷二十九所載七言律詩《張羽王書來兼寄所著〈浮萍集〉又因得其謫蜀信作》詩序、《（萬曆）雷州府志》卷六、《（嘉慶）雷州府志》卷九、《（萬曆）杭州府志》卷十一、《（萬曆）六安州志》卷五、《（同治）六安州志》卷十七、《（道光）廣東通志》卷二十八、《（同治）韶州府志》卷四等處亦載有張鳴鳳仕履事蹟。

皕宋樓藏明鈔本《桂勝》十六卷《桂故》八卷，半頁九行十六字，無界行，竹紙，綫裝三册，其中第一至二册爲《桂勝》，第三册爲《桂故》。第一册一百二十四頁，書根書『桂勝十六卷　張鳴鳳』，圖書内容爲《桂勝》卷一至八；第二册一百一頁，書根書『桂勝』，内容爲《桂勝》卷九至十六；第三册一百一十頁，書根書『桂故八卷　張鳴鳳』，内容爲《桂故》八卷。杜海軍、閻春據鈔本『猺』『虜』『玄』『歷』字不避諱，判定鈔本鈔寫時間當在清康熙前；據行文中遇『明』『朝』『國』字抬格，判定鈔寫時間爲明代；據行文用字不避明光宗朱常洛諱，判定鈔寫時間應在明光宗之前，據此判斷其鈔寫時間應在明萬曆年間。據内容之增删、體例等，認爲皕宋樓藏鈔本係張鳴鳳之定稿本。詳見杜海軍、閻春撰《〈桂勝〉〈桂故〉定稿本的發現及其意義》（載《文獻》二〇一二年七月第三期），本文不再贅述。

《桂勝》十六卷，卷首冠萬曆十七年（一五八九）張鳴鳳《桂勝序》，末署『萬曆己丑秋七月朔灕山人張鳴鳳序』；次《桂勝目録》；次《桂勝凡例》五條；次正文。正文首卷首頁首行上題『桂勝第一卷』，次行下題『始安灕山人張鳴鳳著』。

卷一獨秀山，卷二灕山，卷三雉山，卷四南溪山，卷五伏波山，卷六七星山，卷七龍隱山，卷八屏風山，卷九疊綵山，卷十寶積山，卷十一隱山及附見潛洞山、西山，卷十二中隱山，卷十三清秀山，卷十四虞山，卷十五堯山及附見諸山，卷十六灕江及陽江諸水。每卷首叙名勝名稱、特色、地理位置，間輯録《水經注》《桂林風土記》《桂海虞衡志》中相關記載；次録前人詩、文、題名；次張鳴鳳作『灕山人曰』。

《桂故》八卷，卷一郡國，記載前漢至兩宋桂林歷代地名之沿革；卷二官名，記載前漢至兩宋桂林歷代職官的變遷；卷三至卷五先政，記載在桂林任職的兩宋人物小傳；卷六先獻，記載唐宋時期桂林之鄉賢；卷七爲游寓、方外，『游寓』記載唐宋間因謫官嶺南而途經桂林的人物，『方外』記載唐宋間桂林的僧人、道士。收録于以上各卷之人物，都曾在《桂勝》中提到過。卷八雜志，記載隋末、唐末和南宋末期鎮守桂林又不惜以身殉國的幾個將領，并全文收録了唐朝議郎守尚書禮部郎中上柱國韓雲卿撰《平蠻頌》、北宋廣南西路經略使余靖撰《平蠻碑》、提點刑獄李師中《平交趾記》等三篇碑文。

《桂勝》《桂故》二書相因而作，相輔相成，實是一書，《桂勝》志概況，《桂故》載故實。《桂勝》《桂故》詳略得當，翦裁適中，四庫館臣認爲『于地志中最爲典雅』，可與當時稱爲名志的康海《武功志》、韓邦靖《朝邑志》三足鼎立。此書版刻之後，也引起明末清初一些學者的效仿，董斯張《吴興備志》、朱彝尊《日下舊聞考》即仿其體例。

張鳴鳳之《桂勝》《桂故》二書，前賢所撰書目，或誤題作『桂勝集』與『桂故集』。如明代孫能傳、張萱撰《内閣藏書目録》卷七《志乘部》『廣西』著録『桂勝集四册桂故集二册　萬曆間姑安張鳴鳳著，共二十四卷』；清黄虞稷撰《千頃堂書目》卷七《地理類》中，著録『張鳴鳳桂故集八卷桂勝集十六卷，始安人，通判』，皆加『集』字，可視爲别名。

張鳴鳳之籍貫，《四庫全書總目》于《西遷注》下云『鳴鳳字羽王，豐城人，嘉靖壬子舉人』，云鳴鳳之籍貫爲『豐城』，《四庫全書總目》誤。楊武泉《四庫全書總目辨誤》據嘉慶《廣西通志》卷二五〇《藝文志》『西遷注』條小注，《桂勝》卷首劉繼文序、蔡汝賢序，言此撰《西遷注》之張鳴鳳，非嘉靖壬子（三十一年，一五五二）江西鄉試中舉之張鳴鳳。明代甘肅亦有名張鳴鳳者，前賢所撰書目，亦有將廣西桂林張鳴鳳作甘肅之張鳴鳳者，郝潤華、武秀成于《甘肅文獻總目提要》中言之已詳。

《桂勝》現存刊本有十六卷本與一卷本、四卷本、十卷本之别。

一、十六卷本。據明鈔本、明刻本、清初鈔本，知《桂勝》初爲十六卷本。

（一）明萬曆十八年庚寅（一五九〇）臨桂令何太庚刻本《桂勝》十六卷，國家圖書館藏有殘本兩部；上海圖書館藏有殘本，存四卷。

（二）明鈔本《桂勝》十六卷，陸心源皕宋樓舊藏，今藏日本静嘉堂文庫。《皕宋樓藏書志》卷三十三『地理類山水之屬』載：『《桂勝》十六卷《桂故》八卷，明嘉靖刊本。明始安灕山人張鳴鳳著。《桂勝自序》，萬曆己丑；《自跋》萬曆己丑；《桂故自序》，萬曆己丑。』《皕宋樓藏書志》著録有誤，所藏圖書係一明鈔本，即本書影印之底本。

（三）清鈔本《桂勝》十六卷，國家圖書館、南京圖書館、湖南圖書館有藏，其中南京圖書館藏本有清丁丙跋；上海圖書館藏有殘本，存卷一至卷四。

二、一卷本。清康熙間釋超撥刻本《羽王先生集》有《桂勝集》一卷，中國科學院圖書館有藏。齊魯書社二〇〇一年版《四庫全書存目叢書補編》第五十四册影印清康熙刻本《羽王先生集》收録《桂勝集》一卷。

三、四卷本。現存清乾隆以来鈔本、刻本、鉛印本，則多爲四卷本。

（一）《文淵閣四庫全書》本《桂勝》四卷。據《四庫全書總目》及《文淵閣四庫全書》所收鈔本，知清乾隆間修《四庫全書》時，館臣「以其卷帙煩碎，文義斷缺」，並《桂勝》爲四卷。

（二）上海國粹學報社一九一二年版排印本《古學彙刊》第二集收録《桂勝》四卷。上海書店出版社一九九四年版《叢書集成續編》史部第六十册據《古學彙刊》本影印《桂勝》四卷。

鄧實《古學彙刊書目提要》載：「《桂勝》四卷，舊鈔本，明張鳴鳳撰。鳴鳳字羽王，豐城人，嘉靖壬子舉人，官桂林府通判，是書乃作於斯時。前有萬曆乙酉秋鳴鳳自序，總督兩廣軍務兼巡撫廣東中都劉繼文序云：「别駕張君素稱博雅，且居灕山下，遂以志屬焉。於是旁搜博採，援古質今，凡諸山之巑岏，諸川之邈絶，及數百年之古文遺事、郡國政績、文獻流寓，彙編成帙。」前四卷爲《桂勝》，志概也；後八卷志故實也（按：後八卷名曰《桂故》，已佚）。二志作，而山川之幽僻，古蹟之幾於沉晦者，至是悉顯云。舊鈔小字絶工，蓋爲明人手書原本。」《古學彙刊》所據底本之「舊鈔本」，杜海軍、閻春據文中避諱認爲其係清同治年間書賈作僞之本。

四、十卷本。《文津閣四庫全書》本《桂勝》十卷。《文津閣並園内各殿宇陳設書籍目録》：「《桂勝》十卷，《桂故》八卷，明張鳴鳳撰。」

李曉明《〈四庫全書〉文津閣文淵閣本史部録異》載：「《桂勝》，明張鳴鳳撰，十卷；《桂故》，八卷。津、淵兩本分卷不同，淵本四卷。津本卷一至卷五收入淵本卷一内，津本卷六至卷八收入淵本卷二内，津本卷九、卷十同淵本卷三、卷四。《桂故》淵本多《凡例》。《桂故》卷八，淵本多《桂州瘥宜賊首級記》。」

五、古籍書目偶有著録爲「十四卷」者，誤。《明史》志第七十三「藝文二」載：「張鳴鳳《桂故》八卷，《桂勝》十四卷」；《澹生堂藏書目》、萬斯同《明史》卷一百三十四《藝文志》、張廷玉《明史》卷九十七《藝文志》並曰「十四卷」。

取皕宋樓藏明鈔本與國家圖書館藏明萬曆庚寅何太庚刊本對校，皕宋樓本《桂勝》卷首有《桂勝凡例》五條，明萬曆刻本未見；明萬曆刻本《桂勝》卷首有萬曆庚寅劉繼文、蔡汝賢序，皕宋樓本未見。此外之異文，亦夥，詳見杜海軍、閻春點校本《桂勝　桂故》，此處不再贅述。

據劉繼文、蔡汝賢、張鳴鳳序，可知《桂勝》《桂故》創作之緣由。劉繼文序云：「及入粤，見風洞、華景。諸巖佳勝，寰中罕儷。又靖藩諸王孫間以奇石相遺，恍若往日夢中景象。因公餘周覽桂林之勝，陟降巒巖，遡洄洲嶼，靡匪奇遘。其勝以山計者，曰獨秀、曰灕、曰雉、曰南溪、曰伏波之類，凡十有八。以川計者，曰灕江、曰陽江、曰南溪、曰彈丸、曰訾家洲之類，不一而足。且磨崖鐫字，皆古名人詩賦其上。每臨眺間，則簇峰澄練與目謀，松篁澗瀨與耳謀，而詩篆之幽麗奇絶者，又與心謀。色色象象，總命曰山川之勝，而叢聚於桂林，即吴山、武夷、匡廬，當不少讓。顧彼三勝者，炳炳圖志中，而桂獨無有，竊爲山靈怏怏。』『因别駕張君羽王素稱博雅，且世居灕山下，爲「山川主人」，與余素有舊誼相過，遂以志相屬焉。君遜謝不能。因諷以「有勝如此，不如無有」之語，又請爲君供副墨之需，而藩使管君世臣、徐君君羽復從臾焉。君於是旁搜博採，援古質今，凡諸山之巑岏，諸川之邈絶，及數百年之古文遺事、郡國政績、文獻流寓，彙摩編成。帙凡二十有四卷，前十六卷爲《桂勝》，志勝概也；後八卷爲《桂故》，志故實也。』

劉繼文，字永謨，號節齋，明南直隸鳳陽府靈璧西關人，明嘉靖四十一年（一五六二）進士。知江西萬安期間，因清苦、愛民、執法不阿和殲海寇有功，遷禮部主事，改工科給事中，陞户科都給事中，擢浙江參政，官至户部侍郎。著有《奏議稿》《名臣議録》。萬曆十五年（一五八七）十二月，劉繼文以四川左布政使擢爲右副都御史，巡撫廣西。萬曆十六年（一五八八）七月遷爲兵部右侍郎、總督兩廣軍務，巡撫順天右僉都御史。道光《廣東通志》稱其『清苦愛民……考滿，與海瑞並稱，爲天下清官第二』。劉繼文初至桂林時，見桂山水奇美，卻無史籍記載，甚爲可惜，遂囑張鳴鳳創一志書，以志桂林山水、名物。

蔡汝賢序云：『萬曆己丑夏，會余奉命鎮守西陲，道衡、湘入桂林，驟見石峰交立雲表，左顧右盼，令人輵轄。』『先是，督府大司馬節齋劉公，遊而樂之，謂勝概不可無紀。因張君羽王博雅能文，且世家灕山麓，遂以屬筆。張君於是原本山川，採輯題詠，爲《桂勝》。又因《桂勝》摭拾前聞，補苴遺事，而《桂故》作焉。蓋志形勝，所以表山川；而志故實，所以徵形勝，他無關於形勝者不與也；故《桂勝》出，則不出户而可以神遊；《桂故》出，即未暇咨詢，一展卷而其人與事瞭然在目。其有功於山川甚偉，非徒備野史已也。』

蔡汝賢，字用卿，一字思齊，號龍陽，明南直隸華亭（今上海松江）人。明隆慶二年戊辰科（一五六八）進士，徵入授禮科給事中，不踰年遷兵科右給事中，尋陞本科左給事、本科都給事中。屢有疏劾，不避權貴。萬曆三年（一五七五）左遷布政使司參政，六年（一五七八）陞浙江按察使，尋陞浙江右布政使。著有《東夷圖考》《東南夷圖説》《嶺海異聞》《披雲彙集》《諫垣疏草》等。萬曆十七年（一五八九）二月由廣東布政使陞爲督察院副都御史，巡撫廣西。《明史》無傳，《雲間志略》卷十八、《掖垣人鑒》卷十五有傳。

張鳴鳳序云：『右司馬兼中丞、兩廣督府靈壁劉公，去歲冬初東下，裝嚴過故吏張子，語之曰：「自不穀有事于四方，見所在一泉一石，粗足寓目，其人莫不有志記，用表厥勝，乃雲峰煙溆，參錯如繡，如子桂者，顧反獨無，有勝如此，不如無有。子，山中人，盍圖諸？」語訖，驚起，謝不能。具白：「今南都大司馬連江吴公、按浙侍御華容蔡公，先後見屬，一如今指，皆固謝已之。」公咲謂曰：「子云不能，惡乎在？」對曰：「（他）〔地〕勝固爾，抑人也，殊勝？桂雖乏人，擁朱輪、乘獨軺，迭往迭來，豈乏四方之英儁乎？撫有山川，以其餘閒，或陟在巘，或降在原，亦或汎川、溯洄洲嶼，或撫景以興詠，或紀遊以見名，山川藉之，故永有聞。此豈非殊勝耶？不此志記，焉得勝？」公曰：「然。」又曰：「日不穀家居，嘗夢入山，睹山四壁，徧有題刻，子今言與夢合，顧曰不能，得無慮抄揭不給故耶？不穀是任，慎勿讓。」明日，公果遣麾下，四出蒐致。比臨發，授意藩使鄞管公爲過，申命更選抄者，俾益具録。既又以一人領衆山，不勝其書，檄縣行視，亟議以濟。居無何，叅藩雲間徐公以代行藩事至，陸續抄揭，十得六七，書亦草具四五。叅藩公聞之，以暑著書，時枉勞苦，又屬縣以增廣未備。縣令南海何君，奉檄唯謹，選諸生稽古者，挾揭工與俱，廩從優厚。於是崢嶸之杪，邈絶之濱，人爭猿攀鳥集，賫楮墨以往，數百年之古文遺事，出布人間。張子既幸驟得未睹，又辱公近檄府給以筆札，叅藩公間日趣取草，親爲校定，府丞吕君與諸大夫亦間過視；雖則不敏，敢不勵志？況前被公激發，以「有勝如此，不如無有」之語哉？書凡十六卷，因名《桂勝》。所爲卷第，以先奉公授獨秀諸揭本，家灕山下，日就手寫所得次之，餘悉按抄揭至者之先後以爲卷第。外《桂故》八卷，用輔以行，其意亦具《桂故序》中。』

《桂勝》《桂故》記載明桂林府諸山所刻之宋及宋之前摩崖詩文、遊客題名、先政先獻事跡，并參以古籍著録，是研究唐宋文化、文學、歷史的重要資料，在地理類文獻中頗具影響力。明吴國倫《報張羽王書》中評論《桂勝》《桂故》時説：『《勝》《故》二集精覈簡雅，成一家言，八桂自此重於三都。日坐山齋而誦之，有若身同古人容與嘯詠其境，何止神遊！』

皕宋樓舊藏之明鈔本《桂勝》十六卷《桂故》八卷，原係清彭元瑞舊藏，後輾轉歸陸氏，清光緒間陸氏後人售於日本岩崎氏静嘉堂文庫，具有很高的版本價值，其與現存刻本、鈔本、鉛印本在文字方面有諸多異文，部分文字可補現存文本之缺、正現存文本之誤，在文字校勘上具有特别的意義。將皕宋樓舊藏明鈔本影印出版，讀者取其與國家圖書館、上海圖書館藏明萬曆刻本對校，可得《桂勝》《桂故》完璧。爲便於讀者閲讀使用，書後附録明萬曆十八年刻本卷首之劉繼文序、蔡汝賢序，《四庫全書總目》中相關介紹及《文淵閣四庫全書》本《桂勝》書前提要。

本書的影印出版，得到廣西師範大學圖書館周長山館長的大力協助，特此致謝！

廣西師範大學出版社文獻圖書出版分社編輯部

二〇一七年八月

目録

桂勝

桂故

附録

桂勝　桂故

桂勝十六卷桂故八卷
〔明〕張鳴鳳著
明鈔本　二册

據日本靜嘉堂文庫藏明鈔本影印

桂勝序

右司馬兼中丞兩廣督府靈壁劉公去歲冬初東下裝嚴過故吏張子語之曰自不穀有事于四方見所在一泉一石粗足寓目其人莫不有志記用表厥勝乃雲峯煙淑奇錯如繡如子桂者顧反獨無有勝如此不如無有子山中人盍圖諸語訖驚起謝不能具白今南都大司馬連江吳公按浙侍御華容蔡公先後見屬一如今指皆

固謝已之公笑謂曰子云不能惡乎在對曰他勝固爾抑人也殊勝桂雖乏人擁朱輪乘獨軺送往迭來豈乏四方之英儁乎撫有山川以其餘閒或陟在巘或降在原亦或汎川溯源洄洲嶼或撫景以興詠或紀遊以見名山川藉之故永有聞此豈非殊勝耶不此志記焉得勝公曰然又曰日不穀家居嘗夢入山睹山四壁徧有題刻予今言与夢合顧曰不能得無慮抄揭不給

故耶不穀是任慎勿讓明日公果遣麾下四出蒐致比臨發授意藩使鄭管公爲過中命更選抄者俾益具録旣又以一人領衆山不勝其書檄縣行視亟議以濟居無何參藩雲間徐公以代行藩事至陸續抄搨十得六七書亦草具四五參藩公聞之以君著書時枉勞苦又屬縣以增廣未備縣令南海何君奉檄唯謹選諸生稽古者挾搨工与俱廪從優厚於是峥嶸之抄遍

絶之濵人争猿攀烏集齋楮墨以往數百年之古文遺事出布人間張子既幸驟得未睹又辱公近檄府給以筆札參藩公間日趣取草親為校定府丞呂君与諸大夫亦間過視雖則不敏敢不厲志况前被公激發以有勝如此不如無有之語哉書凡十六卷因名桂勝所為卷第以先奉公授獨秀諸搨本家灕山下日就手寫所得次之餘悉按抄搨至者之先後以為卷第外

桂故八卷用輔以行其意亦具桂故序中

萬曆己丑秋七月朔灕山人張鳴鳳序

桂勝目録

桂勝凡例五條

一諸山環桂内外於城郄通故謹志之即甘巖雖見紀于唐賢今不之及以其遠也

一桂本山國山難具載故斷以文字諸無舊刻雖題夔歌有虚秀亡庸録次

一諸山各自為卷以其突起特立本無附麗即巖洞雖多駢屬一體不敢妄為之分析也

一詩文而外具書題名以前賢用意在焉蓋流光易邁盛名難延不假名山何可長也識其意故重其事

一諸山文字堇載唐宋以年代漸遠壁鎸多滅故亟取志之若元与我明請俟来哲

桂勝第一卷

始安灕山人張鳴鳳著

獨秀山

踞城稍東凝秀獨出頗与衆山遠故曰獨秀

國初考卜其陽為靖江宮殿朱邸四達周垣重遠蒼翠所及皆禁籞閒地以故形亭畫觀上出雲表下漸清池最為諸山麗觀焉外人鮮得至者

山故刻有孔子像按圖乃元人所為及見
鄭叔齊記則即山建學自唐已然莫休符
謂其時有從事所居似唐以前府治亦在
是有巖曰讀書以劉宋時始安太守顔延
之著名巖前故有五詠臺（堂）鐫顔五君詠
風土記云獨秀峯在郭中高聳直上周廻
一里餘
虞衡志云讀書巖在獨秀峯下直立郡治後
為桂主山傍無坡阜突起千丈有便房石

榻石牖如環堵之室

靖江府圖云亭有清樾喜陽拱秀望江臺有凌虛館有中和室有延生軒有可心所有修玄門有擁翠平矗拱辰朝天其上則玄武閣次則觀音堂三官廟山半則靈官及山神祠皆其所禮神處其下有池曰月牙可用汎舟又有樂山探奇瞻雲三處可備清眺穿雲則其將陟巔之道也

詩

六朝宋顔延之　未若獨秀者峩峩郛邑間

顔二句見唐鄭叔齊記中惜未睹其全然茲山發詠自顔始他蓋未之及故特存之見經名賢賞異獨秀最先矣

唐張固　孤峯不與衆山儔直入青雲勢未休會得乾坤融結意擎天一柱在南州

宋沈晦　老鶴下遙天昂昂在林表霜毛臨野人逸氣秋天杳矯矯顔始安不受冠

帶繞清真自嵇阮一醉萬事了讀書室谷
中生芻白駒皎長哦五君詠極目送飛鳥
呂愿中　洞口微雲恣卷舒石巖相對一
遽廬賦才晉宋多夷曠好景古今難宁儲
茗盌已驚浮雪浪齋厨俄聽響鯨魚子雲
識字終何用且讀人間未見書
紹興甲戌三月廿七日知府事呂愿中
訪顔氏讀書巖瀹茗鼓琴裵回久之預
者四人機宜劉襄藍郡朱良弼司理葉

仁
文
唐藍察御史裏行鄭叔齊新開石巖記
城之西北維有山曰獨秀宋顏延之嘗守
茲郡賦詩云未若獨秀者峩峩郭邑間嘉
名之得蓋肇于此不藉不倚不騫不崩臨
百雉而峙立扶重霄而直上仙梐石髓結
而為膏神鑿嵌竇呀而為室罍滓可遠幽
偏自新勝槩岑寂人無知者大曆中御史

中丞隴西公保鄣南服三年政成乃考宣尼廟于山下設東西庠以居胄子備俎豆儀以親釋菜雖峻阯可尋而叢薄未翦公乃目常從以上每指荒榛而授事為力無幾得茲穴焉闢而外廡隘以傍達立則艮其背行則躓其腓于是申謀左右明進畚鍤壞之可跳者布以增遷石之可轉者積而就階景未移表則致虛生白矣豈非天賦其質智詳其用予何暑往寒襲前人之

畧也譬由士君子韜迹獨居懿文遊藝不遇知己發明則蓬蒿向晦畢命淪悟鹽車無所伸其駿和氏不得成其寶矣篆刻非寵庶貽後賢建中元年八月廿八日記

宗郡守孫覽五詠堂記　桂林為郡千山環秀而井邑之內一山峙立狀如冠冕九州堂臺亭榭開户相倚清輝可掬玩之無斁游者忘歸名曰獨秀山〻復有巖可容十許人蕭爽虛凉坐却煩暑宗顏延年

出守是邦来遊巖間讀書為文以自娛名
曰讀書巖盖紀於圖志者其畧如此歷大
曆中李昌夔為桂管觀察使因建學其下
建元間御史裏行鄭叔齊為之記脫落顔
延年事而獨載昌夔之事景平建元相去
視今為未久不應頓失其傳觀叔齊文字
猥陋非愛奇古博之流亦不能考尋前載
也余元祐五年被命承乏于此視事累月
聞斯巖名嘉顔延年好尚不凡訪求故迹

而荒崖斷石榛莽蕪穢殆不可見乃命寺僧芟夷營葺之創爲堂軒以面巖曲而唐人名刻猶有存者因鑱其旁曰顏公讀書巖延年才高性偏放蕩不羈前後見斥于徐羨之劉湛輩不能無怨嘗著五君詠旨味閑淡推重一時然亦以此取怨當路故又榜其上曰五詠堂五詠雖非延年在桂所爲而乃平日自況也并刻之左右嗚呼士之負才不羈而趨世尤踈者其大足以

殺身滅宗次或流離困挫不能自保者踵相躡也如延年文采江左以来蓋一二數少与謝靈運齊名辭氣軒揚凌傲當世亦畧相似靈運竟以僇死而延年獲免蓋幸矣後之来者遊其巖觀其詩足以想見其平生大槩云

題名

唐刑部員外郎孟簡元和元年三月三日遊

宋朝奉郎通判桂州軍州事楊書思政和
二年九月晦来
孫覿北歸提點刑獄董芬招經畧安撫劉
彦適轉運副使陳充轉運判官趙子巖餞
于蒙亭飯後登鐵牛寺塔徒步入藏院觀
無盡老人畫像初寮道人書榜讀書巖所
刻五詠晚集於静寄紹興四年十月十七
日
淳熙改元冬常恭曽游

開封王維則拉張信之啜茶巖下山主華
公預馬淳熙十年歲次癸卯七月十九日
題

有宋顏公讀書巖六字篆者不書名疑即
孫覿題名內云初寮道人書榜初寮則
王安中所自號不則孫覽之鑱也
三字

又有宋乾道九年蔣時日新所篆雙清室

郡志云有舊刻雪洞二字

灕山人曰環桂諸山以千百計惟獨秀中城崛起有王公貴人之象焉自前世剖符持節開府是處今

請江以同姓諸王建國南中為

明藩屏館宇金碧跨山彌谷盖足當其盛矣抑尚有可請者吾曰顏光祿一出守遂以二始大著郡名至梁之裴邃為始安自稱三始喜見言論又桂山詩詩造端光祿實在是山請得以諸繕修餘材即巖構祠比

宋五詠堂庶先政之風不墜本山之韻益
光亦一盛舉也不然盡觀諸孫記予鄭舉
其詩尚爾不免曾謂大國而可不議及此乎
當必有請之者

桂勝第二卷

灕山

陽江西來東入灕水魁然起據南阜之端是為灕山橫障江口引犇瀾東注有北招伏波南与鬭雞雄山并力扞江之狀洞曰水月門出水上其高侔闕夏秋之交移舟入中遊魚千百灑濟几席間洞朗潭澈光相映燭濆水諸巖洞不能及也南溪諸山列戟山陽〻江餘波出雄山者亦迴合於

前故宋提刑方公信孺即南壁下建精舍以居曰雲崖軒〻廢已久前即令君以仁於提刑所鐫詩前建屋署榜曰古雲崖軒因祠范方兩公于中前學憲鄱陽劉公應麒增起廊舍學憲南昌熊公惟學易墻以磚令兩廣督府靈壁劉公繼文復命修飾自是可漸復軒舊觀矣軒左有洞東出曰東暉東有高巖曰南酉

風土記云灕山在訾家洲西一名沈水山

以其山在水中遂名之故老相傳龍朔中曾降天使投龍於此今每歲旱請雨潭中多有應前政元常侍以其名与昭應驪山音同故遂改為儀山

虞衡志云水月洞在宜山之麓其半枕江刓刻作大洞門透徹山背頂高數十丈其形正圓望之端整如大月輪江別派流貫洞中踞石弄水如坐捲蓬大橋下

詩

宋方信孺題雲崖軒　不用窮探費杖藜，隱然林壑挾城陴。曾尊月洞千巖上，更着雲崖一段奇。拂拭軒窗容俎豆，發揮泉石借聲詩。瞿曇頗似知人意，已約梅花帶雪移。

張自明和　萬里風煙倚瘦藜，湘南曾自一登陴。雲崖知在宜山麓，水月傳夸古洞奇。四字丹書無夢見，千峯蒼玉有誰詩。門前繫馬松陰下，鶴背斜陽影屢移。

張孝祥題朝陽巖　空巖目望一牛鳴不要郵藏報水程天接海光通外徼地連岡勢挾重城絲綸疊至龍恩重纁斧前驅蠻霧平鳳閣鸞臺有虛位請君從此振朝纓

又　雞腸得酒作雷鳴痛飲狂歌不自程坐上波瀾生健氣歸來鍾鼓動巖城不應此地泥鴻業盡與吾君致太平伏櫪壯心猶未已煩君為我請長纓

張自明遊朝陽巖　綠野年來喜有秋行

春刻處小淹留朝陽亭上初披霧水月巖
中更枕流竹徑不容周俗駕桃溪還泊晉
漁舟遨頭自愧非元老濫捴師干之壯猷
又　秉軺初至憶前秋豈意持麾尚此留
立屋得僧成宴喜遊山如謝欠風流勸農
同把菊花盞来往自操蓮葉舟向晚洞門
煙漸鎖秖應歸興更夷留
張栻紀所遊　灕江即湘江瀐〻清見石
其東列羣峰秋水碧復碧日出霧露収草

徑上遍側憑欄舒望眼已足慰疇昔更窺巖穴勝創見爲驚惕如何數里間奇觀屢接跡寬同廈屋深劃若巨靈擘日月遞光景風雲變朝夕石橋幾年成乳竇一時滴神龍舊隱處仰視多易辟蛇迹凜猶存隱隱邱霜脊下有澄湫深餘波漱蒼壁往者已仙去來者此其宅薄晚叩松關風過聲索索聊麾車騎退容我且散策却望訾家洲輕舫渡前磧回首煙樹林已復掛蟾鼀

宇曠淨餘滓羣物被光澤河州寄遐思空
巖皎虛白清輝猶可窺水色相激射天邊
与川上亭々如合璧居然廣寒遊不用假
六翮班坐依微瀾晤賞共佳客与之想千
載詎有古今隔簫鼓歸夜闌觀者粲城陌
往々羅杯斝班々見殽核諒因年歲豊人
意少舒適視爾意少舒於予多忻懌
張自明水月洞　癸水江頭石似浮銀河
影裏月如鉤無人弄杵看蟾兎有客乘槎

訪斗牛自古鵲橋傳七日何年桂子落三秋金輪待欲長無缺玉斧仍頻妙手修

文

張孝祥朝陽亭記　丙戌上巳余与張仲欽朱元順来游水月洞仲欽酷愛山水之勝至晚不能去僧了元識公意即其上為亭面山俯江据登覽之會五月晦余復偕兩賢与郭道深来水潦方張朝日在牖下淩倒景凉風四集仲欽欣然舉酒屬余曰

兹亭由我而發盍以銘之余与仲欽頃同官建康盖嘗名其亭曰朝陽而為之詩非獨以承晨曦之光惟仲欽之學業足以鳳鳴于天朝也今亭適東鄉敢獻亭之名亦以朝陽而巖曰朝陽之巖洞曰朝陽之洞元順道深合辭稱善即書巖石記其所以

張孝祥記

又朝陽巖詩序　往為仲欽賦朝陽亭〻在建康其詩曰便合朝陽作鳳鳴江亭聊

此駐修程南贍京洛臨雙闕東望仙家接
五城日上白門兵氣静春歸淮浦暗潮平
遥憐莫府文書省時下滄浪自濯纓明年
余爲桂州仲欽以常叅官十六人薦爲廣
西提點刑獄公事又明年余罷去仲欽直
秘閣寔代余蓋与仲欽嘗游朝陽巖而樂
之於余之行也仲欽置酒巖上請侍賓客
咸集顧不可以無語乃賡建康之詩以記
余与仲契（欽）事契如此爲嶺表異日之雄觀

云

范成大復水月洞銘并序　水月洞剏灕山之麓梁空踞江春水時至湍流貫之石門正圓如滿月様光景穿映望之皎然名賓其實舊矣近歲或以一時燕私更其號為朝陽邦人弗從且隱山東洞既曰朝陽矣不應相重乾道九年秋九月初吉吳人范成大莆田人林光朝攷古揆宜俾復其舊成大又為之銘百世之後尚無攺也銘

曰有嶔孱顏中淙潺湍水清石寒圓皃在上終古弗爽如月斯望灕山之英灕江之靈復其嘉名范子作頌勒于巃嵸水月之洞

題名

曾布陳倩苗時中劉宗傑齊諶劉誼宋元豐二年中秋游

淳熙乙未歲仲秋日廣漢張敬夫約長樂鄭少融玉山趙養民同游水東諸巖薄暮

自松關放舟泊水月洞天宇清曠月色佳
甚因書崖壁以紀勝槩
臨江曾宏正崇仁吴淏盧陵楊壽悳三山
陳華子羽士李可道同游子公邁公适侍
淳熙癸卯九月望

桐廬詹儀之以淳熙戊申四月辛巳同臨
賀別駕涂四友新欽陽守陳昭嗣前桂林
郡文學陳邕泛舟訪水月洞登訾家洲時
亭榭一新江山改觀懷古攬勝觴詠忘歸

後一月辛酉約幕屬陳邕唐廷堅雷霆憲
屬陳東漕屬黄奕余稱劉三錫来尋盟
延陵吴宗旦宜之新安朱晞顔子因冒雨
泛舟遊朝陽洞以訪水月水色正碧洞月
究然無異望氷輪於雲峯缺處擧杯酹月
迺還紹熙改元授衣假

丹陽張金以紹熙甲寅正月四日集賔僚
廬陵胡槻相臺王思詠吴門范藻臨川董
居誼新安汪楚材郡人滑懋於報恩寺之

翛然亭食已泛舟龍隱遂過訾家洲訪水
月洞登慈氏閣從容竟日而歸桂林山水
之勝冠絕西南易節此来雖去鄉益遠而
公餘登覽心開目明歸思為之頓釋云
淳熙丙午先公吏部通守是邦戊申春拜
欽陽太守時連帥桐廬詹二卿与先公為
道誼交不以吏屬視一觴一詠莫不與焉
疇累侍膝下年未冠今四十五載矣紹定
己丑疇自零陵守蒙恩再畀節来南登桂

嶺四望簪帶宛然白雲何在情已不能自勝歲餘幸所部相安得以暇日携累輩游水月洞細覜懸崖上有唐与先公所識歲月愈愴然于中命成之来前曰汝知之乎先公自擢第至二千石歷欽貴嶽三郡俱有治狀入拜右侍郎輪對論中外吏治苟且事玉音嘉奬者數四即下詔戒飭未幾持浙西憲節活毗陵京口江陰饑民百萬至今人思之蓋先公平昔有言仕官無大

小食馬必思具報今日能挈汝以游此者先訓之力也汝謹毋忘成之拱手曰唯請書之紹定庚寅五月朔男朝散大夫廣南西路轉運判官疇百拜拂壓孫將仕郎成之秉筆

吾聞衣冠甲天下游宦於桂林者一時為盛經幕三山卓樗子用紹定辛卯菊節會同里二十有一人同幕趙繇夫仲至林文誠公著憲幕李遇用之漕幕陳夢庚景長

林應辰振老趙希鄂仲韡薛之鑑明叟奉檄至者郭岳伯崇陳該一彥博方禹錫文瑞李士燁華國趙必取世頴王震定東父柯楚伯翹林顥景程林機次樞鄭公望希呂調銓者陳士吉一卿趙希𤫉崇美陳應龍翔卿聮轡湘南登千山憩簪帶挹棲霞七星之秀薄暮舍策泛舟由龍隱涉訾洲夷猶水月之下把酒賦詩人物与衆山俱清情無涯而樂亦無涯也

贛曾原一汴趙希圃淳祐壬子上巳盤薄
水月詠南軒遺稿篇光霽熙然懷哉若人
雲崖二真書旁有佛像下鐫唐僧智深為
合浦令呂興造佛像記
朝陽洞三篆張孝祥書
水月洞三篆谿園居士書　谿園乃宋靜
江倅吳億之別號
灕山人曰山故有遊者鍾春伯范旂叟姓
氏經畧新作郡齋詩亦在其間詩蓋張維

諸人作苔凝水蕩不復可録又有杜循自記所得陸游書与詩南宋文名陸生最重然亦劖磨過半矣曾宏正詞非邁俗故獨存題名乃朱晞顔師表一方顧詞憶歌者何或問范方祠所起曰余碑中畧具之頃讀文穆公論桂山也曰吾家東南奉使幽薊南宅交廣西至岷峨之下所經太行常山衡嶽廬阜靡不登覽乃博大則有之峯巒奇秀擧出桂下雖九華黃山仙都鴈宕

及夔之巫峽亡以過也桂山宜為天下第一云提刑之注意諸山也其傳備矣萧文獻志反詈其歸營所居于鄉之巖以為癖非戀戀諸勝故耶又不特銘水月軒雲崖已也何可無祠以奉厥志況兩公徃皆見德於士民予或又問諸山志古此獨變文何夫祠有章徃勸来之義焉非若倚山而亭臨川而閣徒恣賞于泉石寄情於雲煙以自適其適也其義正故其指顯變例而

志諸公之擧祠何鄙之有

桂勝第三卷

雉山

山東北麓下款江水其上側起有昂首欲飛之勢名或因之昔人遂以白雉聞僧顯誦經事附之山在灕山南溪諸山間往城南虹橋未築時灕波撼其東陽江遶其北襟帶兩水潭管其轂弭櫂登臯巖門在焉巖自南入稍深詰曲可七八丈倚山南望見灕挾陽江与彈丸南溪諸水澔漾長邁

瀾縈灘迅縹緑天際彬彬然欲起即攬雲於蒼梧觀濤於南海也有宋諸公當日宴集禊亭青羅閣今皆不知所在近得僧粗营菴居鐘磬餘音適与水石蕭寥之響相荅亦堪清聽乃山北危崖佛閣平野酒亭非不據勝互列巖表然巖壁無一舊刻豈昔人遊覽有未及哉毋亦以閣則廹山阨陋亭則對岸喧囂自昔已然矣

虞衡志云雉巖下灕江獨山有小洞洞門

下臨灕江

詩

宋黄照　為愛空門息世機儒衣不着；
僧衣淵魚林鳥已聞法更待當年瑞雄歸
長老月公乃興國八年狀元王公之族
子

章峴　偶投雄巖宿洞穴窮孱顏旁通赤
明天南極地所囊更登雲外頂下視江之
灣犀山無我咲畏汝碧玉環我久墮塵網

歲晚嗟良難

又自龍隱巖泛舟至雉山　晴溪幾曲度澄灣朝陟龍巖晚雉山林叟野僧休笑我平生所得是官閑

鄒浩　客睡當年記雉山杜鵑聲切枕難安今朝歸向山頭過不見杜鵑空夢殘

尚用之留題　座下聞經本至誠改頭易向悟前身信知大道無難事一念真如雉化人

提點錢事蔡瑷留題雄山院　白雄聞經
向比山轉身來伴老僧閑大都見善能開
悟天上人間任往還
孫覿青蘿閣　鑾村避地已三年過寺尋
僧半日閑小樹吹香花漠漠斷崖漱碧水
潺潺枕柳葉底秋聲滿栢子煙中午夢還
便擬買舟隨釣叟一蓑煙雨繫蒼灣
張栻禊亭　一曲清江正可憐隔江新竹
露消消好風成我曲肱夢起看飛雲度碧

天

題名

轉運使屯田外郎蘊安世與進士趙揚來

遊并男台文祥文炳文彥文侍行乙未三

月廿三日

大宋治平元年臘後一日運判孔延之具

舟按部因率通判范子明機宜姚原道知

龔州丁鎛飲餞于雉山提刑余藻書巖石

以紀

武陵張頡仲舉甬上苗時中子居洛陽劉
宗傑唐輔吳興劉誼宜父七月自真山来
遊元豐元年八月初
轉運使朝散大夫直集賢殿陳倩權提點
刑獄奉議郎彭鼓次雲權提舉常平奉議郎
齊諶權發遣提舉常平通直郎劉誼元豐
二年十二月十七日同遊雉山巖寺留題
元豐辛酉歲孟夏廿三日君美會仲舉仲
隱施元子期自壽寧早饍泛舟晚飲雉巖

是日仲隱被旨還使湖南李時亮題
通直郎經畧司管勾文字李孝忠仝敘永
寧簿吳朋彦周元祐二年九月七日来遊
元祐六年三月廿四日自逍遥樓出桂江
泛舟至雉山觀巖洞微雨不可登絶頂泝
流過壽寧復還逍遥置酒高郵孫覽温陵
謝季成建水孫傑荊渚朱袞宣城董必曲
江譚掞劉瑋同遊
汴陽高士勤德修許賓元忠崇寧二年七

月初四日同遊雄山

程子立安撫邕筦周公儀許元善范貴之張通甫張景通藺太冲柳成甫李端臣洪仲達程聖欽范少房同通叟飲餞雄山崇寧壬午季夏望日

東都程建子立崇寧甲申清明前一日挈家游男徹衎衍侍行

鄱陽程欽之率龍舒劉成之汶陽梁晦叔淄川范貴之臨川徐伯應鄱陽萬彥亨劉

長孺南康范少房南海張守道同游雉山
男昇侍大觀戊子九月望日
張子修農子源王君錫宋義夫何由道張
方仲俟伯壽出餞于此大觀庚寅九月廿
一日　刻首有闕文
政和二年三月廿七日南郡唐晉德攜家
遊鋼銖銓錫侍行
建安謝勲信都李温古原田永年長沙裴
嶢廣陵楚執規淮海楊書思政和癸巳孟
春海日同來

端臣適用聯禊凌顯景欵幽叢岑然吸略
奴爲無方遊維摩丈室盖自生白政和丙
申季秋次朔
杜賢萬劉資中張方仲自龍隱過雉山政
和三年三月廿日
清湘唐孝稱宗舉開封劉若愚思夫若水
幾道乘暇登永寧閣復飯雉山紹興丙申
重九日
元壽携家來丙寅仲春十有四日

肥鄉胡彦温以職事約東提盐會議蒼梧桐廬詹體仁招三山熊景瞻飲餞于雄山之禊亭雨餘江山如洗樽俎無復暑氣檢校陳迹一别盖六年矣縱步巖广景物尤勝勸酬歡甚豈偶来還勝於特来耶淳熙十有一年夏五月甲寅

莆田李子凝甲戌九月廿八日東還刑使捡詳餞别於此

豫章李大異帥桂之三年勸農于廣壽寺

是日春和景明天氣清淑因從容禊亭遍觀前賢鐫刻過午而歸通判翟旴胡槻臨桂令斛邁偕来嘉泰改元仲春望日劉師書雄邑兩大字師即里人隱居辰山者

灕山人曰雄之盛在宋世士大夫艤舟便與望巖至止夫豈有栖霞之竒輿龍隱之廣坦哉良以近峙郭南不煩遠策下當江滏且可臨泛況介居諸山之中東西馳騖

指顧最便又是時合浦朱崖舉隸部內漕司憲使歲中按行往返多南道出祖入勞假茲成禮不然豈慕白雉而來耶經不東傳雉不南化山不知作何名可發一粲十餘年前斯巖莫傳馬非以亭館既殘巖栖無庇主者棄如遺迹遊侶因而斷轍哉無足慨者惟士大夫所題名昔本賢豪今餘文字就壁按視一值其人如藴轉運之高義乎低回其下必不忍去竊慨夫把翰舊

區行觴餘址衣冠所葬丘墓是叢乃何地
不可歸骨獨与是山争尺寸之土甚無謂
也餙以厲禁使人不侵其惟賢府公明令
君乎

桂勝第四卷

南溪山

從關雞山北水口入是爲南溪山以溪名諸峯廻合四壁峭懸烟翠黝蒼著衣如染唐李公渤愛其映帶溪流特於玄巖白龍多所穿築白龍之前溪水澄碧中有泉出是爲新泉亦公之所鑿自殫精思製序綴詩及去桂之際留題致意後或改玄巖曰觀音轉玄巖而上有巖曰泗州皆僧人巖居

者取所奉彼教內兩大士號之至宋東南
巖諸巖始以郡人劉仲遠學道其中名其
上巖曰劉仙下則穿雲緣穿雲東北行以
有仲遠足迹名曰仙迹劉仙之旁閣出巖
際名曰、通明其前有道觀長松落〻攝牀
小憩頗有蕭踈之狀然似不若白龍玄巖
俯映寒漪流翫芳藻花猶池植鳥似家禽
隔水茆居砧杵間發不知身在莽蕩之野
也已

虞衡志云白龍洞在南溪平地半山中翁有大石屋由屋右壁入洞行半途有小石室劉仙巖在白龍洞之陽仙人劉仲遠所居也石室高廣出半山間

詩

唐李渤題玄巖　玄巖麗南溪新泉發幽色巖泉孕靈秀雲烟粉崖壁斜峯信天插奇洞回神闢窈窕去未窮環迴勢難極玉池似無水玄井昏不測仙戶掩復開乳膏

凝更滴丹砂有遺趾石徑無留跡南眺蒼
梧雲北望洞庭客蕭條風烟外爽朗形神
寂若值浮丘翁從此謝塵役

宋呂愿中　岩崖倚空蹲怪石輪囷夾道
卧長松白龍應已冲天去巖竇巋然有故
蹤

假守呂叔恭拉機宜劉子思監丞朱國
輔經屬陳朝彥自中隱巖過白龍洞叔
恭之子大鈞侍行紹興甲戌季春之七

日

朱晞顔　慶元改元寒食日陪都運寺丞遊白龍洞時牡丹盛開小酌巖下夕陽西度並轡而歸

小溪漱碧響潺潺路入龍宮杳靄間佳節謾添新白髮故人賴有舊青山花時幾共湘南醉萍跡何當嶺北還歸路聯鑣紅日晚多慙龍卧白雲閑

胡寺丞和　懸崖怪石水潺潺宜有神龍

隱此間窮勝不妨歸險洞尋春那止看羣
山攀龍行即天邊去躍馬聊同野外還好
景良辰適相會一尊且共水雲閑
曾宏正　老仙乘白龍飛入白雲鄉巖前
刻舟痕遊子常彷徨清商韻風松疑有笙
鶴翔我欲往從之居然塵鞅韁酒闌下山
去回首空慨慵慷

臨江曾宏正淳祐癸卯閏望同三山常
挺臨川吳湜羽士李可道来遊子公邁

侍

李曾伯　老龍昔未蜕嘗蟄此山中霖雨春疇足風雲夜瑩空雨崖高下倚一徑往來通不願千金劑惟祈百穀豐

淳祐庚戌覃懷李曾伯因勸農來此得四十字是日微風扇和輕雲閣雨千峯翠滴四野緑秀枝禽對語春意駘蕩無極徜徉久之緩轡而去賓佐四明史偉之廬陵曾垓眉山楊埏東嘉林十三山

卓炎子廬陵王真孫長沙胡盛旰江周
子榮潼川楊牧之清湘滕處厚續至

文

唐李渤玄巖序　桂水灘山右匯陽江數里餘得南溪口溪左屏外崖巘鬭麗爭高其孕翠曳烟邐迤如畫左連幽野園田鷄犬疑非人間泝流數百步上巖巖下有灣壞沮洳因導為新泉山有二洞九室西南曰白龍洞橫透巽維蛻骨如玉西北曰玄

巖洞曲通坎隅晴眺灘水玄巖之上曰丹
室白龍之右曰夕室巽維北梯險至仙窟
北文有石室參差砑谽延景宿雲其洞室
並乳溜凝化詭勢奇狀俯而察之如傘如
輦如欒櫨支撐如蓮蔓藻井左睨右瞰似
簾似幃似松偃竹裊似海蕩雲驚其玉池
玄井嵐飈迴環交錯迷不可紀從夕室梁
溪向郭四里而近去松衢二百步而遙余
獲之若獲荆璆与隋珠焉亦疑夫大舜遊

比而忘歸矣遂命發潛蔽深磴危宅既冀之以亭榭又韻之以松竹似識方丈似昇瑶臺麗如也暢如也以溪在郡之南因目為南溪兼賦詩以紀之寶曆三年三月七日序

郭顥卜居銘　皇宋開國幾二百年金虜犯順衣冠南遷桂獨宜人歲無嵐煙溪山之勝閒出神仙泌源郭顥志慕精專卜築巖下鑿井耕田榜揭歸去養真自然燒煉

丹藥徜徉林泉莪莪蘚壁排空插天紹興
己巳勒銘記焉　栖霞子書

題名

白龍山在桂城之東南登山之西而至其
洞深廣可數楹石之穹隆隱然若神物化
去而留其跡洞之名蓋亦舊矣元祐己巳
二月八日上黨苗子居歷陽高時仲金陵
李師正黎陽吉鄰幾乘暇以遊愛其佳趣
且忘其歸因刻于石以志其來爾會稽關

蔚宗題

上饒盧潛禮濟北段徵之毘陵胡茂方同
郡樓元弼武夷葉振卿紹聖乙亥秋九月
中澣遊

湘陰彭子民閩達王長孺洛陽席貢從詔
使按部還桂同遊白龍洞己卯春

公輔公容侍親遊春来此政和辛卯季春
旬休日

南郡唐晋德携家同遊男鋼銖銓錫侍行

政和二年三月二十七日題

李景言王子舉渭之昭淳熙丙申立夏日

同遊

陳正仲銓記之官王景醇林亨仲飲餞於

此乙卯仲冬

慶元丁巳立秋後三日同幕集觴於此豫

章王岳次山溫陵趙庚叔初長沙陳克仁

壽卿長樂陳昂中定譔臨川楊文明仲藻

慶亭翟子埜歲在庚申重五休務日攜家

往壽巖洞之勝時也暑風清微涼氣襲人
徜徉終日不知夕陽之在山也
長沙李勁正臣胡持正雅叔唐嶸次山朱
佐君輔蕭仲仁元之嘉定甲子端陽日憩
此
嘉定辛未中元後四日計臺臨汀楊公子
直復出按未歷之郡憲臺括蒼管定夫帥
守濟北李誠之載酒白龍洞留款先是去
夏六月大暑公初行郡亦嘗觴此夫仕而

南多鄙夷其民怠忽廼職使者聞畏炎毒未嘗一跡按部公連歲犯暑殆遍走二十四州尊年精明人所難及父老有迎拜而問者曰使家壯也何用而見用於遲晚近也弗留而肯留於遠外吾儕嶺民懷私惠而勤勞使家一至於斯公呼而謝之曰上有命老弗容辭遠弗敢憚懼我之矜汝者或有未至而汝之憐我者姑置勿言遂一笑登車既行勒茲語于巖石用告我同志

云
東萊呂祖异長沙王濟美自千山觀聮騎
来遊嘉熙初元正月三日
南溪山三篆字
玄巖洞巨隸字
觀音巖三真書
劉仙巖
宋李師中留題大空子隱居　可道非常
道真空本不空荒郊自生草閑地又栽松

無欲更何慮有為終必窮風雲上天去老
子信猶龍

曹輔遊劉道人巖　故老能將舊事傳仙
翁蹤跡尚依然方知物外壺中景隱隱烟
霞有洞天

梁子美和　神仙靈異古今傳窮理真修
本自然遺址究存疑谷口蒼崖喬木聳青
天

呂愿中　平湖小隊出郊墟盡日登臨據

隼旟聞道仙人戶假去尚應猶學世間書
假守呂叔恭拉機宜劉子思藍丞朱國
輔經屬陳朝彥紹興甲戌季春七日来
遊

趙夔桂山諸巖歌　秦皇開郡為桂林古
號名邦五嶺陰山琢玉簇攢萬疊江分羅
帶繞千尋青〻四顧列羣山生自天工巧
若鎸玲瓏拔地聳層秀峥嵘嵯峨星斗間
其中有巖十二所伏波靈顯存祠宇顏公

讀書巖室中疊綵北山如列布何年龍隱
冲霄去鱗鬣形模鑱石路仙人劉公飛升
時巖壁宛然遺舊題穿雲仙跡次左右
虛道氣多南溪白雉聽經生人類蕭寺豈
碑有元記信知一性無不通石竇陰陽若
薜蒙西南中隱尤勝絕穿處得名因呂公
曾公程公皆舊跡遺愛在民傳古昔沉沉
巖谷有餘光炎方勝槩神難藏週迴不遠
郭郭下輪蹄追賞何忙忙

又桂山諸洞歌　宜人之地少陵詩閱玩
前賢詞意奇爛然五詠非虛語位壓坤方
占一維青々四顧列群山生自天工巧若
鏤玲瓏拔地聳層秀崢嶸嵯峨星斗間其
中有洞十二所七星山下栖霞府日月華
君顯跡靈遇者當時鄭冠卿歸到人間已
三載仙洞光陰時未改至今舊記傳無窮
玄巖蟠蟄聞白龍一泓澄碧寒潭瑩水月
圓明下翠峯桃城楼觀環俯視緑鎖喬林

春日媚秦碑栁記已難觀灕水南流泛渺
漫慶林巽穴玄風出華景高明隱丹室西
方壺秀貫山腰南華朝陽風景饒夕陽北
牖通仙徑白雀嘉蓮池淥淨許多佳致卒
難題留與詞人賡雅詠
漳川先生徧遊諸景故作是歌以總之
紹興甲戌中秋南溪郭顯勒石穿雲巖
將仕郎劉振書
張孝祥劉真人贊　河目甚口須髯怒張

人貌而夭者耶其骨已朽其人不死与天
地齊年者耶山高谷深變化成空一笑相
從惟我与公　乙酉十月朔書付巖中道
士文道華使刻之石

題名

晉陽路質夫桐廬方務德紹興己巳二月
十四日同来住巖道民郭顯勒石

提點刑獄公事延平張維經畧安撫使歷
陽張孝祥以　會慶節祝雲壽於西山

資慶寺飯已登超然亭遂遊中隱巖白龍洞劉公巖以歸客長樂鄭顥江文叔吳鎰俱来乾道元年九月二十二日

嘉定癸酉先瑞慶節之一日經畧安撫管湛提點刑獄方信孺轉運判官陳孔碩既蕲句萬壽於道釋宫因探洞過劉仙巖是日秋色澄霽

芊雲仙跡兩巖各有三楷書題巖石

灕山人曰白龍玄巖其序與詩體氣高妙

頃于郡志復得一銘云李公所為銘曰桂之有山潛靈億年狀如騰雲戟列劍攢巖之有洞竅窕鬱盤虎掛龍懸形狀萬端旁馳杳冥仰躋巑岏玉落磬墜幽聲晝寒已陵地小別有洞天文籍之囿吾何有焉酒一卮兮琴一曲玄巖之下可以窮年毋論此銘是否出公手匡廬二室皆有公隱迹不彼之思而此是羡雖謂為嵩廬之匹可也山勝以人人勝以名風操文雅高世如

公是謂不朽南溪隱山何其幸哉長有公
也劉先生果能乘龍跨鳳遊戲雲間與方
下視世以為埃濁何有于一山金堂玉室
乃其高蹈紫書赤文寶彼玄秘則巖鐫金
液還丹金玄之歌与夫張平叔之贈皆剩
語已又何有於他趙賢良贈佘先生歐陽
晦夫記唐少卿事槩不敢録非曰毀之直
以未游其藩故爾李公師中有種竹記特
為戰具設呂公渭傳劉先生養氣湯方之

二者治戎惠民儻最要乎則余志山者非
山所豫亦毋庸志之矣

桂勝第五卷

伏波山

山東劃江巖亦東嚮自非風雨晦冥初景微射先燭巖室漸晃潭壑孤峯羣木如出潭裏亦巖居川觀之麗矚也且無他道可入非舟莫達故游舸多集其下唐伏波廟在郭中東北二里去山較遠宋元豐間游者題作洑波取麓過瀾迴故云任呂賦詩於巖曰玩珠不似後人相循還珠已也或

云還珠亦宋人為桂帥清德之頌蓋比孟嘗珠去復還馬以其時合浦隸桂部其意則美惜無所據山後則桂城東北雉堞交加故西一面界在城中東北有蒙亭遺址亭詩与記并鐫山壁又癸水光月兩亭今廢題名內有龍石在木龍渡去山里許水中有石龍狀可羣飲其上巖門又有試劍石亦鑿空伏波為之者

風土記云伏波廟在郭中之東北二里是

東漢伏波將軍馬援之祠也

虞衡志云伏波巖突然而起且千丈下有洞可容二十榻穿鑿通透户牖旁出有懸石如柱去地一線不合俗名馬伏波試劍石前浸江濱波浪洶湧日夜漱齧之

詩

宋章峴　江瀾廻洑嚙山根山裂巖開石室存溺鬼夜呼千嶂黑蟄龍晨起一川渾金沙試決通泉脉翠壁閑題破蘚痕三伏

幾人迷畏暑豈惟河朔有清樽

崔靜和韻　古木纏溪出根四時香火廟空存人家曉聚凫鴨亂水怪夜翻星斗渾靈洞仙遊雲自鎖陰崖龍去石生痕幸同軒從来餘興酣醉清時酒一樽

任續賦玩珠巖　山林自空閒遊人事幽討岫幌与雲關来跡可堪掃艮維矗孤峯玉簪倚天杪桂水琉璃碧洄洑下縈繞谽谺巖穴深蚪龍雙夭矯坤倪露幽秘造化

殫奇巧勝槩當眼無何方覓蓬島悠〻世
俗情是非苦膠擾水中蟹何罪徒勞慍心
悄人厄困无妄礫石埋幽窮風月幾年悵
山光慘蘿蔦星即大嶽孫長城隱南表戎
旃整且暇高情恣登眺郊垌擁小隊一見
顏色愀舊觀俄頃復洞户天重曉傷心日
月遒人世幾番老山川不相似歲久依然
好吕巖標強名往事人能道孟公謾驚坐
子夏冠非小桃符録餘慶鄉勝城濮兆冥

数今乃驗常情定誰考哦詩紀真石聊侑
芳樽醥
呂愿中和韻　朝野樂昇平園林窮勝討
快雨洗塵埃秋山淨如掃游儵聚江灣饑
烏集木杪羣岫欝崢嵘一水翠繚繞雲頭
蒼狗變龍蛇亂夭矯巖洞真奇崛造物逞
天巧近在堂奧閒超然類三島暫舍簿書
忙何時脱紛擾靜聽黄栗留一聲還復悄
麗譙去咫尺跬步即幽窈斷崖暗蒼蘚喬

木蔽蘿蔦山腹有遺祠隱然見華表筍輿
訪崇臺空曠縱遐眺八桂困樵蘇嘆息心
為愀任侯三蜀秀冰壺湛春曉有藥駐朱
顏可以長不老雄篇頌刻成舉座悉稱好
戞玉副鳴球士夫喜傳道五嶺類觀東一
覽衆山小呂巖何興廢事固有前兆新詩
刻翠岷異日可稽考玩珠紀勝遊聊復醉
清醥
宗道傳　銅柱威聲凜百蠻肯貪稛載溷

溪山無人為起文淵問端的珠還薏苡還

朱睎顔　天斲神剜不記年洞中風景異

壓罨江波蕩漾青羅帶崖石虛明碧玉環

地接三山真蹟在天連合浦寶珠還重來

恍似乘槎到慙愧雲門夜不關

方信孺　歸舟多載小江春重訪東巖舊

履痕捫水峭崖猶有路垂天怪石本無根

金華仙伯真知己薏苡將軍足斷魂安得

北山公可作倩渠移取向家園

曾宏正癸水亭 危亭倚巖隈聲名叶地
識時浮桂藕香永絶戈甲浸敗柳裊烟絲
枯荷立霜枋呼童理吳榜日月數來興
蒙亭倡和長句
淩儀張洵 桂林山水冠衡湘蒙亭正在
灕水旁清流洄洑眩波光高崖古木爭蒼
蒼下有芰荷滿橫塘面面風來面面香新
詩一詠酒一觴爽氣渾如秋氣涼酒闌巖
下踞胡牀汲泉煮茗沉煙長從容談笑聲

琅〻水光山色增輝茈東山蘭亭各一方
風流無追謝与王回頭塵事皆茫〻為計
不若行樂良恨我到此情難忘遥指白雲
思故鄉
江東尚用之　江亭勝槩冠三湘仁智所
樂皆其旁翠岫俯映青羅光上有喬木摩
穹蒼亭下川遶霞銀塘水面風来笑語香
騷人相值喜飛觴雄辯清談五月凉飲餘
相與坐方牀論文日暮興何長佳篇徐讀

韻琅琅直疑星斗煥光芒格高調古詭奇
方況復筆法追二王事業無窮嘆茫茫丹
鉛點勘策非良与公致道心可忘浩歌直
造無何鄉

晋江吕源　九溪灕水接瀟湘萬壑千巖
羅水旁七星高聳生輝光建天一色皆蒼
蒼倚江景物似錢塘況有萬户新醅香古
洞相對舉清觴文淵遺跡徒悲凉安得石
枕与藤林夢想昔人風味長蒲東薏苡勝

琳琅流傳千載事微茫男兒生即志四方将軍異代猶封王感時撫事心茫々顧我豈有籌策良報國志願不敢忘此身未暇歸江鄉

三吳李彥　　桂江繚繞通湖湘佳山四揷江之旁嵐光滴翠漾波光岸頭秀木皆青蒼誰人築室枕西塘新荷敵風柄々香君嘗招我来攜觴登臨樂臆生清凉倏忽伏波離室林且及尊前飲興長紛劇雄辯聲

何琅客傳俗事江亭芷蠻歌蛋曲笑遐方
應無夢怪楚襄王但驚歲月去范〻報國
宜多為畫良功名未白何時忘此心疇敢
憶家鄉

邵武葉宗嚮

我行幾許踰沅湘直抵八
桂灕水旁千山倒影搖溪光秀色不借草
木蒼茲亭構勝俯回塘野花風遞羅綺香
巖前伏波航羽觴一洗塵思生清涼疑有
仙人白玉牀壺中景迴日月長步此仙籟

音琅〻世間名利真毫芒此景不獨冠南方恨不築室輕戾王回首塵跡空渺茫暫去未必計非良其如樽酒情難忘恍然一夢五雲鄉

附巖間二詩

范成大勸駕詩　維南吾國最多儒聳觀迢〻赴龐書竹實秋風辭穴鳳桃花春浪脫淵魚月宮移種新栽桂江水朝宗舊鑿渠況有龍頭坊井在明年應表第三閭

桂林曹鄴詩云我向月中收得種為君移向故園栽今年用故事移桂正夏進德一堂又復朝宗渠水以符文章應舉之記趙觀文王世則兩人皆魁天下今狀元坊存焉故拙句中并及之淳熙元年秋九月

朱晞顔詩有序　洞底石間得枯木一株花葉咸無而枝幹峭拔如峴山晋栢盖石之精英凝結而成光澤瑩潔不減水

玉扣之其聲鏗然珊瑚不足道以是知
海物惟錯其中亦何所不有但世人未
之見爾因成鄙句刻之八桂堂下巖石
間以識歲月云慶元改元小春吉日
天教海若效珍祥不与千林春競芳擲地
遺音清戛玉凌雲直幹凜凝霜誰浮鯨海
星槎到猶帶蟾宮月桂香冶葉浮光掃除
盡堅高直欲共天長
文

宋李師中蒙亭記　桂林天下之勝處茲山水又稱其尤而在城一隅荒穢不治若無人知者數千百年間豈天秘地藏不以示人意必有仁智者然後能樂蓋性情自得之也經略吳君嘗為諫官以言事罷以復遂來殿方既安邊靜民而後及此師中覽而壯之又因斯民之樂名其亭而繫以詩〻曰凡物之蒙在人亦昧既有見焉其跡難晦斯亭之成景物來會江山之勝相

與無際鳧鷺在水或在於滸中洲蒲蓮迤
邐靜深巖壑沉沉雲氣長陰自公以暇来
燕来臨同民之樂而無醉飽之心嘉祐七
年八月二十日尚書戶部員外郎直昭文
舘知桂州嶺南路經略安撫吳及上石是
時師中以度支員外郎為轉運使
黄邦彦蒙亭記　紹聖改元秋八月天子
以龍圖閣胡公帥桂林公素負才業敬歷
中外所至有聲故治桂凡再朞邊境告寧

乃得遊山水間訪其昔所嘗聞今所未見者則伏波巖之蒙亭出焉先是嘉祐中經畧吳公即巖之左以為亭名蒙漕使李公記之而鑱於巖之巖亭久埋廢記亦湮滅一日憲使梁公出其家舊所藏蒙亭記以觀焉由是益知其亭之祥巖在城東北隅茂林修竹間有徑寂然而幽循山而轉石門磴道迤麗趣雅如在壺中卻立仰視巖石草莽歷乎江水之湄洞宇嵌空可以容賓

從而列豆觴亭遺基僅存公斥基而新之
凡此皆前日之荒凉岑寂隱晦而蔽蒙今
則變而為超絶殊偉之雄觀蒙其顯矣
方信孺寶晋米公畫像記　寶晋米公世居
太原後徙襄陽自公始定居潤州以宣仁
后恩補秘書省校書郎浛光尉　入淮
南幕改宣德郎知雍丘縣　監中嶽廟授
漣水軍　發運司勾當公事　擢發入
為奉常博士知常州不赴管勾洞霄宮知

無為軍復召為　博士擢禮部員外
郎知淮陽軍庠生於首謝事不許卒於官
年　月葬丹徒長山下信孺頃過
洽光訪公遺跡得北山養疾篇及
石刻　来桂林復得僧紹言詩序及
伏波巖与潘景純同游石刻　公嘗尉
臨桂秩滿寓居西山資慶寺頗与紹言游
故有此作其他蹤跡則缺如也至於序中
云書於桂林　堂今亦失所在豈舊尉

耶公作畫史　始尉官桂林而是時文
章翰墨已足以高跨千古然蔡天啓誌公
墓書滄光不及臨桂豈所謂名　者臨桂
　中耶抑先臨桂後滄光天啓所書畧
及之耶公之孫　公遺文如北山養疾
篇紹言詩序等作皆逸焉豈公時　次偶
未見此　耶公　碑皆書熙寧七年今
去此且一百二十餘載　其聲名与天壤
相終始於　先　游桂林者或未必

知其詳信孺將漕於　公之曾孫　秀實
爲靜江府　支使藏公自作小像有小
米題字　其游山時　此刻
之伏波巖公題名之左且高宗御製碑
像賛冠焉併　公平　於下方
舊游使來者尚可以想像其凌雲御
風之高致云嘉定八年八月旦朝奉郎廣
南西路轉運判官莆田方信孺記其小影
之上有高宗御製賛曰襄陽米芾得名能

書六朝翰墨漁獵無餘骨与氣勁妙逐神
俱風姿亦然縱覽起予旁又注有先南宮
戲自作此小像真跡今歸御府友仁書友仁
芾之子世稱小米者

題名

知桂州兼經畧安撫陸詵提點刑獄公事
余藻轉運判官孔延之兵馬鈐轄白均徐
印新知欝林州姚原道經畧司句當公事
劉恕治平二年立夏後二日會於此藻題

南陽達夫會稽蔚宗清汗志康熙寧壬子
八月望日同遊東巖
潘景純米黻熙寧七年五月晦同遊
龍石會人龍圖閣待制知桂州曾布子宣
轉運使尚書度支郎中直集賢院陳倩君
美副使殿中丞苗時中子居提點刑獄太
常博士劉宗傑唐輔提舉常平秘書丞齊
諶子期管勾常平前江山縣丞劉誼宜夫
元豐二年六月初三日同遊洑波巖

建安陳倩吉水彭次雲歷陽齊諶吳劉誼
元豐三年十二月二十四日同遊洑波巖
後二日大梁和斌獨遊王軾題
曲江譚掞弟拱抃湟川蕭汝朗同遊紹聖
丁丑孟秋二日文初題
朝請大夫直龍圖閣知桂州兼經畧安撫胡
宗回醇夫朝奉大夫轉運副使程節信叔
朝散郎提點刑獄梁子美才甫奉議郎提
舉常平譚掞文初累會洑波東巖茲巖勝

絶在桂林洞穴之上其蒙亭之本末景物之交會已載經畧司管勾機宜文字黄邦彦之記云紹聖三年十月二十二日管勾書寫機宜文字胡義修奉命題

路分程子立被命西邕兼將黄恍君錫餞別於蒙亭時元符己卯孟夏既望

鄱陽程節信叔曲江譚掞文初臨川劉蒙資明全魏董遵守道廬陵曾鎮次山自八桂堂過伏波巖啜茶遂遊龍隱洞辛巳清

明前二日謹題

乙未元日端臣隻遊

曹聖邁黄彥　劉東文李端臣燮蹀青驄綠楊擷芳莛挹滄瀾与春工相忘無何鄉政和丁酉絶煙節

清源劉鎡逢時膠州蔡懌樂道晋江吕汴子會祥符馮元震亨之襄陵侯材晋卿蒼溪王蕃子宜自湘南樓泛舟過洑波巖避暑抵暮而歸宣和己亥六月十六日

李昇之譚振尚肅之黄鐸同遊

桂林富有巖穴而盛暑易於來遊者唯東巖冠之宣和庚子六月二日三衢毛子嘉率天台周文虎睢陽張君原四明毛茂民巴陵黄師心三衢徐伯材會飲于此翌日天台周彦作復携酒与昨日諸公偕來獨文虎伯材不至而宜陽吴廷貺與之

建安練山甫補官宣和乙巳寒食前二日携家來遊子宗袞宗元宗　孫應侍行揚

潘希孟奉命書

經畧安撫蔡懌同提點刑獄尚用之轉運判官黃鐸轉運判官曹邁提舉常平王舜舉廉訪使者練山甫早飯靈隱過曾公巖栖霞風洞程公巖烹茶晚會于八桂洑波巖抵暮而歸時宣和乙巳季春初十日題

晉江呂成之詣樞府稟議紫洲李域建安呂著長沙李服休都嶠陳覺湘潭吳芾飲餞於洑波巖時靖康初元季夏四日

孫仲益自　山還晉陵桂帥率二漕憲車餞於八桂堂劉立道陳景淵董令叔趙少隱紹興四年十月二十一日

潮陽劉昉方明自蜀還鄉過桂林寓八桂堂治舟浟波巖下追念昔為兒童侍先子官于此邦始至以政和乙未之秋而其去以宣和乙亥之春今三十年恍如一夢感歎之餘因識巖壁庶使後有考焉男汶渭漆孫男駒騎鸞鵬鴻外孫葉騏侍行紹興

戊辰六月中澣
方明以戊辰六月念八日登舟東歸翌日
解維泊雉山又翌日聞命復師湖南遂還
八桂辭不獲命改轅而北以十月二日啓
行赴鎮是用再勒於前題之左方
浚儀張璪溫之被命前来賜經畧施大資
上八桂堂五日復還武林因暇縱步来觀
是巖紹興丙子末伏前一日
賜下有三字似夏樂窩豈施有所居名

之御書遺賜文恐涉謬故不具書

拱甫鄭子禮挈家來遊隆興甲申中秋日

林得之置酒喜豐堂劉子思滕子昭蔡濟

忠張安國林德光同集乾道元年臘月

宋公玉歸豫章王壽卿姚周卿田子謇張真

子真子斐程善道黄德制王儀之滕彥卿

飲餞於此乾道已丑六月十七日

秦舜卿李南夫淳熙甲午重陽日來游

淳熙丙申三月九日王平秋表清之

官泰寧王登叟李壽言劉　李靜翁徐體
仁官達御鄭　陳席珍謝長卿李子
呂伯　餞於桂水亭千　中　千乘與
馬
方信孺楊志李閎祖嘉定間同游
嘉熙改元初伏後一日長沙雷文瑞祥仲
趙師鏵舜臣虞舜臣寅之劉應定直甫羅
仲孺巨卿
黄岡徐敏子衡命措度南州館穀巖側四

明戴炎長沙韓夢發寶夔周翦星渚馮弼
外孫上饒尤日新侍時淳祐丙午仲春下
澣

淳祐丙午立冬後七日廬陵劉受祖之橫
槎惠祖之蒼梧艤舟伏波巖下

蘭谿趙立德成以寶祐甲寅歲閏六月十
有一日攜家東歸艤舟還珠洞至二十一
日游徧諸巖洞即行

長沙胡德新盤叔泛瀟歸湘猶子克紹同

資中郭又新居安及鄉人周德明清叔梁
世賢國佐鍾嶅子浚鄭益謙遜伯飲餞桂
水亭爽回巖下笑談竟日執别煙雨中寶
祐乙卯元宵後一日
覃懷李曾伯長孺以淳祐己酉来牧是邦
越十年再開制閫屢至此洞每輙煮泉瀹
茗爽回竟日令人起清斯濯纓之想不知
身在飛鳶跕跕墮水處也蓋篸山帶水勝
絕天下而此洞又居篸帶之勝舊有癸水

一亭因城築令更為之男杓杞杍孫國華
侍景定庚申首夏二日謹識
眉山朱景行以咸淳戊辰十二月三日登
舟於此
吳興陶定安世來游甲申冬十一月初
張公位張唐輔吳正禮同遊
劉舜舉張子容子直子安胡宗周同來庚
寅三月中澣
靜江軍三大字　集賢殿修撰熙河蘭岷

路經畧安撫兼知熙州鄜陽鍾傳書寶文
閣待制知桂州兼廣南西路經畧安撫使
鄱陽程節上石
正夏堂三大字隸書一吳郡范成大立雅
陽杜易書
還珠洞三大字或曰張孝祥書
灕山人曰伏波功烈著在嶠南及壺頭淺
而薏苡之謗興去征南歲月頗遠顧獨令
東巖蒙斯號謬矣𠤎考或為頌桂帥之言

与尹氏志符謂張維以張孝祥更之孝祥故有朝陽亭棠陰閣兩記美維而維假此并張公洞荅孝祥亡足疑者第所在壁峭潭深抄捐憚險無從得其本覩之為快也當伏波軍行時亦未出此道不然武谿之吟何所發之即邪離入越亦從桂陽下匯水武水出臨武匯水云在四會漢書作湟水出東道為便新息故遵用焉乃鑱道及他兵間或經此前葉令議祀兩伏波不知

郅離曾未涉境有其舉之新息是已柰何郅離云予范之勸駕無闕于山以序有朝宗渠先之以祖道終之以信孺渠繫不細朱之異木得之山下故附見之光月癸水兩亭詩僅存曾之一餘諸燕詞不敢槩入蓋有以哉

桂勝第六卷

七星山

渡江而東則有七星峯駢岫列高視近野羣山莫与並然亦以有諸巖洞冷水出其東栖霞出其西又有玄風彈丸為栖霞左右掖南則龍隱雖小隔越諸峯迴映連綴狀斗故曰七星彈丸溪水流經山前冷水亦自有泉橫貫其中以曾相國布渠水上故巖一名曰曾公栖霞相傳名起自唐宋

陂爲仙李巖玄風則陰飈從洞出坐者忘暑彈丸本以溪石圓轉名之而其他煙霧（堂）室半出空中道絕不可攀窺者有七八處若在地上列炬可入火光所及瑰怪觸目不可勝數雖積乳所鍾巧踰雕畫孰爲此者造物人謀鬼謀烏可效乎惜不遭班張左潘觀靈秘發盛藻賦之以傳而徒得蒐瑣如宋以來載筆者能無慨哉非此又無所錄龍隱特起故别之

栖霞、唐祀玄元於此故名玄元栖霞洞

傳聞洞前有唐慶林觀又曰東觀

風土記云東觀在府郭三里隔長河其東

南皆崇山巨壑緑竹青松峒崆幽奇登臨

險易不可名狀有石門　之狀而隘

秉燭行五十步有洞穴坦平如毬場可容

千百人如此者八九所約畧相似皆有清

泉淥水乳液葩漿怪石嵌空龍盤虎踞引

燭緣涉竟日而還終莫能際相傳云昔有

人好泉石多束花果裹糧深入涉而行還計其所行已及東河之下如聞棹檝潺潺之聲在其上又山外高峯舊有亭臺近已摧壞

虞衡志云栖霞洞有七星山七星山者七峯位置如北斗又一小峯在旁曰輔星石洞在山半腹入石門下行百餘級得平地可坐數十人旁有兩路其一西行兩壁石液凝沍玉雪晶瑩頂高數十丈路闊亦三

四丈如行通衢中頓足曳杖鏗然有聲如鼓鐘聲蓋洞之下又有洞焉半里遇大壑不可進一路北行俯僂而入數步則寬廣兩旁十許丈鍾乳垂下纍纍凡乳狀必因石脉而出不自頑石出也進里餘所見益奇又行食頃則多岐遊者恐迷途不敢進云通九疑山也

詩

唐從事盧順之於東觀席上贈張侍郎

渡江旌旆動魚龍令節開筵上碧峯翡翠
巢低巖桂小茱萸房濕露香濃白雲郊外
無塵事黃菊筵中盡醉容好是謝公高興
處夕陽歸騎出疎松

張侍郎回和　亂山青翠郡城東爽節憑
高一望通交友會時絲管合羽觴飛處笑
言同金英耀彩晴雲外玉樹凝霜暮雨中
高詠已勞潘岳思醉歡慙道自東公

張遊東觀　巖岫碧潺顏靈蹤若可攀

樓臺煙靄外松竹翠微間玉液寒深洞秋
光透遠山憑君指歸路何處是人寰

宋孫觀　十載汙修門簪橐侍帝垣五雲
深莫窺衆星拱以繁一坐犢背書身落海
上村山川發餘想鍾鼓聒昔聞星圖煥斗
極兩〻錯地文今夕復何夕乘槎造天閽
日月豈可挾參井定足捫誰能揭其柄為
我酌瀛樽

呂愿中　鄭原同按轡杖屨陟青冥山色

混林樾溪光照斗星　峯高挿戟兎徑曲
穿庭　一聲遠千巖特青

張孝祥登七星山賦呈提刑仲欽　魁杓
歷〻控雲嵐地闊天虛萬象涵不与天公
管喉舌猶堪嶽立鎮湘南

張維次經畧舍人韻　列岫凌虛滃翠嵐
龍泓澄澈七里涵巖膽好向西湖著飛去
何妨自嶺南

張自明　玉洞沉〻鎖碧虛月華曾半日

華居刀圭影觸金丸彈蟬蜕形留錦鯉魚
舊隱已荒三徑草仙人忽授数行書丹霞
自有栖真處十里風松可跨驢
羅大經從趙季仁遊洞作瑰奇恣搜討
貝闕清瑶房方隘疑永巷峩敞如華堂玉
橋巧横溪瓊户正當窻仙佛肖彷彿鍾鼓
鏗擊撞鼘鼘左顧龜信信欲吠尨丹竈儼
亾慧之田霤生香搏噬千怪聚絢爛五色
光更無一塵涴但覺六月凉玲瓏穿数路

屈曲通三湘神鬼妙剜刻乾坤真混茫入
如深夜猜出乃瞰日光隔世疑恍惚異境
難揣量

文

尹穡仙李巖銘并序　仙李巖即玄元栖
霞洞也唐祖老氏尊以玄元之號而所在
祠之今洞額鑱刻篆字奇古不磨又有老
君像在焉豈其自唐始耶建炎己酉八月
故相李公書栖霞洞名刻于洞門之外後

六年經畧安撫使李彌大与賔從遊愛其雄俊隆傑咸請易名乃曰昔唐鄭冠卿遇日華月華君於此具有仙蹟且聃吾祖也故相國亦其苗裔而子又愛賞如此宜以仙李名之魯郡尹禧聞而銘之銘曰七里駢羅俯灕水腹藏空明納千趾老仙遺祠邀誰始後繼述之李復李異枝同根隆福祉巨畫更鑱埒前美紫氣臨關西來止殊留著書繫尹喜末孫銘焉適當爾附名崖

端永不毀

范成大碧虛亭銘并序唐鄭冠卿過日華月華君於栖霞之洞与之笛不能成聲傾壺酒飲之僅得滴瀝獨記其贈詩二篇出門見二樵者問曰洞中樂予跬步亦失所在吳人范成大小築其處以識幽討按詩卒章云不緣過去行方便那得今朝會碧虛即以扁榜且銘之巖壁銘曰窐洞維石中函碧虛誰欲知津有翅負翁我來扣門兩

翁在否雖不能笛能醉君酒為君作亭表
巖之扃名翁所命而我銘之

題名

河間俞獻可上谷燕肅趙郡李諮聖宋天
僖二年秋月中元同遊

皇宋慶曆四年甲申九月二十三日辛巳
廣南西路提點刑獄尚書虞部郎中隴右
李永德尚書職方員外郎知桂州汝南周
騤尚書都官員外郎新知永州滎陽潘衢

轉運判官太常博士安定梁戴
曺聖延李端臣躡雲磴摩星魁倚節少憩
於此丁酉七夕前三日

經畧安撫蔡懌樂道提點刑獄尚用之仲
明廉訪使者張洵仁仲宣和甲辰八月初
八日同遊

紹興六年丙辰歲上元日八桂龍躍并宛
丘唐仝同判仙李記到此因而刻題

方城張淵道晋陽路質夫贛川曾吉甫桐

廬方務德潮陽劉方明紹興戊辰六月丁酉同登七星山

紹興丁丑正月己巳府縣官屬汝陰張好禮定叔開封李商元傳之睢陽王處存子安洛陽楚偃師言長沙吳延年永錫壽春魏美言季及温海戴子琦君美清江楊獬正伯休務相從尋春于訾家洲訪程公巖入栖霞洞憩於黃氏之園極一時觀遊之勝繼至者二人開封賈戒之公戒柯山陳

梁伯初

余素有山水癖，游宦江浙逾二紀，明峯繡川歷覽幾盡，飽聞八桂巖洞之奇，恨未能一到。得郡欝林，因携家謁清惠祠，泛舟過龍隱。食已，由曾公巖入栖霞洞，窈窕數里不能極其涯。既出，相羊石扉，宴坐終日。有野雲飄素練，羣峯錯蒼壁，超然頓忘俗慮。信壺中有天語非虛誕，又疑飛空步霧，乘風駕鶴而来，想仙島蓬宫不異此也。

隆興初元七月十七日三槐王定甫之書

會稽諸葛國瑞永嘉林騰達偕行

乾道癸巳重九吴人章潭遂道范成大至

能携家同登七星山遂游栖霞水月諸洞

鄭少融趙養民李正之范至能落壺天觀

還會碧虚淳熙元年

范至能赴成都率祝元將王中顯游于明林

行輔周直夫諸國叔時酌别碧虚淳熙乙

未二十八日

增城崔公正子被旨奏事以癸酉上春下
澣舟行先一日括蒼管定夫濟陽李誠之
會飲于湘南楼已而遊屏風彈子巖栖霞
洞泛舟龍隱歸集于儵然亭時積雨新霽風
月較美清流碧巘隨處莫不呈獻特為公
妍黄童白叟夾道相与咨嗟深惜公去盖
公持憲甫朞年而行部之日居半未嘗足
歷巖洞及兹召行肯為一日留酒行加歎
曰天下巖壑稱頌此地誠亦希有人生臭

味投合此會良未易得景物与人情覺相
愛戀此意尤難忘也其為我鐫此語於嚴
石他日以墨刻寄似亦足以慰所思云故
書
莆田方信孺　嘉會七星山嘉定
陽月来
呂偉信留桂林五月凡山水之勝無不登
覽於其行也蔡顔仲率具酒率韓弼時蔣
商澤同遊以別之陰風凄凉倍有離羣之

念癸卯九月二十日
淳祐辛丑六月二十一日昭武謝逵叔逵
金華劉泳清叔臨川羅愚季能遊
江右蕭澥曹明年周復明曾遊
萬必達淳熙改元仲秋九日獨步壺天觀
回憩碧虛伏讀鄭君事蹟長歎二真景昔
時之集今獨何異於愚也敬書
洞有李彌大仙李巖三大字
洞門上有方信孺遊四大篆字又有小書

嘉定甲戌七月既刻于栖霞洞

玄風洞

虞衡志云洞去栖霞　數百步風自洞中
出寒如冰雪

詩

宋曹輔同歐陽晦夫邂逅遊風洞　一水
羣峯翠若堆洞天終日鼓風雷每懷絶境
超然處却与幽人偶爾来

李彦弼与曹聖延遊風洞及七星觀賦長

句

文英子建聲華煜烜少陵當詠波瀾潤遐流
疊〻鍾宜春觀君紫芝真秀拔華山騄耳
汗血孫奚取王良手芻秣駿〻凌厲追遺
風胡為頓纓馳駱越誰嗟長庚有老裔壯
齡直欲排紫闥初從附鳳矯飛翔晚乃射
虎觥踈豁強顏方喜安斗筲稟分何能愧塊
圭撮胷中琳琅茀埃壒自愈鉛鋒乏破割
時過西鄰蘄發藥畱引玉泉澆脥渴新商

執矩崟威令甘霔騰虛摧雲毿約君飄皃泛滄漪背負青天　天閡風来空穴襲髮毛刷腋涼颸振絺葛冷然便擬子列遊不待別起青蘋末徐躋七星跳山椒杓魁敲虛狀旋斡近君白雪熱何有高談一激錐囊脫扳肩作者古溪徑餘事篇章隨擊鉢盤跌不減二華君妙閱枯棊戰挑揞光騶揺縱莫可留四序翩翩幾箭筈頃看金柳流鶯鳴俄聽玉露叢蟬聒清輝默韻無弦

琴烏用檀槽揮一抹我方騷愁〻到骨潛
睨蠹鱓眉目緜徒摽詩窮擁鼻吟　或酒
酣將月喝生平剛腸久已屈頓爾匹夫難
志奪故交紛紜翱赤霄大鈞播物昭窮達
德尊一代元坎坷儒腐百年決麤糲南溟
垂翅雲翼収北窓點卧霜鬢捋病馬猶期
春草長涸魚終需江水活君行趨覲長安
日軼興横秋疇可過公卿傾風定援手鴻
造機緘由一撥江湖要作廻相忘靜言可

咲相濡沫

趙夔　青嶂横開高幾重巉巖直上半天中虚明洞口千年久澄澈流来一溜通海蚪張頤方吸月雲龍奮跡遂乗風隼旗出有隨軒雨指日秋成賀歳豊

張孝祥　山入烏蠻連越嶲天開斗野對珠宫應憐桂海長炎熱乞與清凉萬壑風

文

宋柳開銘并序　出桂城東抵慶林觀背

山下有洞出風淳化元年開知州事往避秋暑因刻銘于洞旁曰桂東叢峯洞穴空通淒肌森襟沒骨浸心瑩雪若潔凝氷若冽暑穿如燠周陬流毒其何如斯為能去之嶺山峩峩嶺水湯湯亘古綿今氣炎土荒物乗爾情候乖朔節夏雨多凉秋旱多熱春裘冬扇朝順夕變反側無恒夭癘相仍我来洞中百慮時竊翛然自釋忘歸終日勒銘巖石用紀罔極

題名

程節信叔張景温敦直董遵守道許端臣

中甫元符三年五月十九日遊

政和壬辰季秋丙子經畧安撫使王先之

邀轉運副使陳道夫提點刑獄唐夢傅提

舉學事陳質夫提舉常平陳從道走馬承

受陳明遠轉運判官唐晉德蚤集東禪寺

飯於安樂堂煎茶少憩遂過風洞

宜春書邁聖延廬陵李彥弼端臣夌商衢

絶湍桴挾隨車之霧潤探空穴之薄膚于是也雲子甌駱奴訂文囿之菁英研道樞之虛無恍契夫禦寇之泠然欻翱乎寥陽之清都政和七載丁酉七月上澣日李昂霄奉命書

來風亭落成少隱置酒會者幾人立道景淵令升汝弼仲益紹興甲寅七月十一日

彈丸山宋人名其巖曰彈子

水經云灕水又南合彈丸溪水出於彈丸

山

詩

朱晞顔　傷弓枉木謾猜嫌巖石稜稜彈樣圓鵰鶚横空秋凛凛危鷗渡水晚翩翩私心灰冷慵思繳蹇步塵勞不受鞭挟彈張弓付年少歸欣趂取菊花天

宋陳讜　地迥山奇怪神仙喜穴居百雲剜洞巧五石補天餘商野幽人夢周南太史書心予愛丘壑勝槩一躊躇

徐夢莘与鄉人宴集巖中作　吾儕生江
南遠近且鄰鄉一官皆為貧餬口走四方
遇合良獨難動如參与商誰知自有時朋
盍聚炎荒外臺參計畫幕府佐紀綱出宰
得壯縣司教涖郡庠曹掾勝三語薄領真
仇香不止似人喜頃覺吾輩張合坐尊序
齒避席敬行觴巖洞縱登覽杖屨陪徜徉
綦天以相娛嘯歌情意長舉酒起祝規愛
我藥石良古人尚植立君子道其常平生

學忠孝餘力從文章臨節不可奪當官有
何强窮乃見節義老當志彌剛鴻鵠在寥
廓騏驥終騰驤願言各勉旃事業要輝光
他日光上道富貴無相忘

無名氏訪東溪舊居　出山曾与白雲期
為道歸来自有時花老任從春盡〻客愁
寧免鬢絲〻知還逈有陶潜興念遠誰憐
宋玉悲見説竹林新笋盛已分清影過藩
籬

又

去〻来〻醒醉間事牽南北自相關

寒蛩數處坐中苦歸雁幾聲天外閒情愛

已流三峽水夢魂時傍七星山去齊孟子

休濡滯豈必虞庠好鑄顏

題名

諸巖多奇觀獨少寬平縱步之適惟彈子

巖前有地百餘畝水竹窈窕環以遠山經

畧眉山劉公焞始買地為圃隔橋築亭仰

觀崖石如坐冷泉對飛来諸峯遂為桂林

勝游之最淳熙庚子中秋日會於靈隱亭
登舟貫龍隱得雨甚凉泝流酌癸水亭上
醉荷香而歸括蒼梁安世題

江西鄉人同仕於廣右者十有二李蹊成
叔郭有憑充誠潘修文叔李石韞玉徐夢
莘商老王璪季文張坦明仲蔡誂子羽陳
公璪師宋魏沐熏父王思詠詠之孟浩養
直淳熙重光赤奮若仲秋中澣講鄉會于
湘南樓過彈子巖題石

淳熙九年歲在壬寅暮秋初吉七閩熊飛景瞻以憲事行部至桂林与鄉人宦遊者李謇東暉李撊伯廣王棻欽之陳閱周卿上官駿子聲鄧夏卿仲華吳三錫寵卿吳栄漢老楊延季洪御陳璧廷珪鄭霆希敱潘元震子敱陳光祖昭遠吳孝友次張趙冲虛中莊漢輔李良蔣孟震震卿朱木仁叔陳譽定夫會於諸洞以賡庚子之盟與者濮陽馬演季長青社鄒良弼傅鳳臨川

蔡詵子羽

桐廬詹體仁三山林憙偶遊龍隱曾公栖霞弾子諸洞巖天霽氣和徜徉終日茀憲車行部不得同此樂也淳熙乙巳正月中澣

莆陽陳讜正仲自三城辟守懷澤就銓計喜仲子建侍行臺府賓佐移尊水東盤薄松關歷覽曾公栖霞弾子諸巖洞同遊者十二人北嶽王宗孟景醇泉山趙庚叔初

林子蒙亨仲廣平李正夫顧老廬陵董世
儀子羽建安鄭繼勳少周劉襄伯龍臨川
楊汝明仲藻西安徐詡叔虞金華宋甡茂
叔新安朱權聖與長沙李魯玉伯溫時連
雨留霽寒氣亦斂景物呈露極驩乃歸慶
元改元冬十一月二十有六日
開禧改元季冬中澣東都趙善碁作肅領
見曹汝訓汝讜汝謨汝諠来遊壻昭武謝
寧孫鄧友直外孫謝濱鄧筠侍行後一年

清明前十日趙作肅并同妹壻樵陽李昭
田子述祖外孫甥李浩中直李濤清叔及親
戚朱黻明卿舊同官周信誠甫尚祥數刻
而歸

彈子之右有一巖其壁鐫有真書論語尊
五美全章旁有跋云廣漢張公栻嘗大書
於桂林郡之治事廳桐廬詹公儀之欲其
傳之廣也命鑱諸石俾凡臨民者皆得目
擊心存力行無倦庶不負聖人之訓淳熙

甲辰冬長至於郡文學長沙陳邕謹題

栖巖東出為冷水巖一名曰曾公巖虞衡志云曾公洞舊名冷水巖山根石門砑然入門石橋甚華曾丞相子宣所作內有澗水莫知所從来自洞中右旋東流橋下復自右入莫知所往或謂洑流入于江也度橋有山田數畝過田路窄且濕俯視石罅尺餘匍匐而進旋復高曠可通栖霞

詩

宋陳倩　源流承繼孔門賢姓氏今題洞
穴間傳說功高傳巖野謝安名著謝公山
激泉救旱爲霖雨磨石書勳破海蠻應共
白雲同一意帝鄉歸去未能還
曾布和　從事區〻厭獨賢尋幽深入翠
微間旋開榛莽東郊路偶得神仙舊隱山
都嶠三天臨瘴水靈巖十里接溪蠻何如
咫尺隣風穴杖屨時〻一往還
苗時中　紅旆尋幽東郭旁泉巖新得冠

殊方一川氣象天開作萬古荆榛地蔽藏
崖穴乍驚堂室闢榜名知与日星長異時人
指溪橋水思愛還同召伯棠

劉宗傑　謝公高興在東山尋得仙巖郡
邑邊萬朶連峯凝碧乳一蹊鳴玉逗寒泉
由来物外無塵景須信壺中有洞天嶺服
已安褒詔近莫將歸夢更留連

彭次雲　目擊烟霞畫卷舒披榛敲石得
蓬壺洞天日月千年久人世塵埃一點無

靈藥難尋雲縹緲落花不見水縈紆使君
鳳閣翱翔近謾与東山作畫圖
齊諶　天作地藏知幾年公来因得茂林
間誰知物外真仙境秖接人居近郭山石
乳望中蒼玉墜泉源深處卧龍閑行看再
為蒼生起乗興從容重返還
劉誼　尋得新巖冠一州使君從此作鼇
頭千年草莽埋幽致今日衣冠成勝遊洞
穴已能驚俗眼神仙須合隱浮丘主人将

為商霖起還許微官卜築不
楊損賦呈經畧龍圖曾公　陽巖高敞納
晨曦鶴駕雲軿或可期神物雕鐫元入妙
人工開闢更曾奇須知水石清涼處絶勝
塵沙熱惱時紅旆碧幢勞小駐多慙主客
濫追隨
尚用之和　當暑都忘畏赫曦遊觀邂逅
得心期咸其自爾從天造貴以人為特地
奇風露下涼秋至後林巒散影月明時朱

轎好事留佳客大醉高人許鎮隨
孫覩　羣峯倚天立萬馬屹不動風欻紫
玉珂雨暗青絲鞚相君千里目渺〻孤鴻
送披雲覷天功鑿翠出巖洞中空貫長虹
側立蔀天甕究〻卧石梁欲起特地控玉
棺已上天甘棠有餘誦獨遺澗底泉時与
幽人共

李彥弼　嵌竇栖霞敞虛轉杓左驂鸞翼
右耳鳳簫爽排酷烈境邈氛囂靜者多妙

於焉逍遥

張金　欲訪真仙小有天路窮崖絶俯靈泉相君聊試濟川手翳鳳驂鸞盡有緣

文

宋劉誼記　元豐元年冬交人入貢上方擇人處置事巧詔曾公自廣州移帥桂府二年南方無事民和歲豐公以其餘暇訪尋桂之山水奇勝處一日率郡僚遊所謂風洞者縱步而東行得一巖於榛莽間巖

之前有石為之門屈曲而入則流水橫其中碧乳垂其上周環而視其狀如雕鐫刻鏤殆出於鬼工而不類於融結者也公于是拂石求前人之跡則未嘗至者焉乃構長橋跨中流而渡以為遊觀宴林之處且与衆共樂之自是州人士女大夫四方之人無日而不來其巖遂為桂林絕觀夫桂之洞穴最多南而白龍北有石門廻穴椽其東隱山在其西皆唐名之流所嘗遊也觀

其詠歌序刻莫不極道其勝槩而嘆前人之所遺者斯巖之景亦冠絕矣而乃獨遺之是真可嘆也已豈當時忽於尋訪而不見耶將唐人所謂天作而地設之必得于子之多顯耶余生長東吳號為山水窟中如天台雁蕩最為竒觀然未有過此者也邦人樂公之德政而願以曾公名其巖以比甘棠之思余故為書之且以告後人叔入為圖經盛事云公名布字子宣其年九

月二十六日管勾本路常平前江山縣丞
劉誼記

題名

元豐三年十二月初五日權本路轉運使
朝散大夫直集賢院陳倩君美權荆湖南
路轉運使朝奉郎直集賢院朱初平仲隱
權發遣提舉本路常平等事光禄寺丞劉
誼宜父同遊曾公巖時仲隱宜父璦莞體
量安撫回歸任會此

盧約潛禮胡田耕道劉川子至胡義茂修
方樓禹鄭元弼葉世隆振御閻淳質夫傅
諒友冲益方元哲允迪紹聖乙亥初偕遊
朝請大夫直龍圖閣知桂州兼安撫經畧
胡宗回醇夫朝奉大夫轉運副使程節信
叔朝奉郎提點刑獄曹輔子方朝請郎轉
運判官程遵彥之郡承議郎提擧常平徐
常彥和紹聖乙亥季冬甲辰同遊
轉運判官周元吉寵遷近郡副使唐夢傅

餞別遊北提舉學事戴質夫提舉常平陳
從道預焉大觀四年六月十八日權知州
事張莊正民題時自妙樂来從風洞轉魁
龍隱江歸
先之道夫廖傳質夫從道明遠進德政和
壬辰歲季秋丙子日自風洞来遊曾公巖
清坐良久遂過龍溪
經畧安撫蔡懌樂道提點刑獄尚用之仲
明廉訪使者張洵仁仲宣宣和甲辰八月

初八日同遊

湘陰彭子民彦修建安劉川子至西安留恬彦強洛陽席貢叔獻同遊曾公巖元符戊寅九月二十五日庚午題

經畧安撫劉彦適轉運副使陳兖提點刑獄董棻轉運判官趙子巖富陽故侯孫覿紹興四年七月十二日同遊

番陽汪恪義安劉文桐廬方洪紹興戊辰六月二十有八日同遊

方城張淵道晋陽路質夫贛州曽吉甫桐
廬方務德瀨陽劉方明同遊曽公巖紹興
戊辰六月丁酉
唐逢堯趙周材劉時舉方稚川王公休汪
聖錫紹興辛未二月二日同遊
淳熙五年廣漢張栻敬夫時以閏六月朔
旦北歸湖湘前三日與長安周椿伯壽来
遊水東諸巖以致其欲去之意賔客相追
尋于山間者陽武方侯立中不倚建安黄

德玩廷瑞八桂張仲宇德儀蔣礪良衡唐
衡公佐李化南夫延平張士佺子真邯鄲
劉秉晉伯長沙李揆起宗吳獵德夫宜春
李逢源造道東萊呂修年永叔
淳熙辛丑立秋後一日括蒼梁次張拉清
江徐商老浚儀邢之美延平張子直柯山
李伯寅來遊當暑而寒劇飲不醉
蔣子明王千秋謝長卿紹熙二年六月晦
日來遊

鄭子壽倅清湘總檄過八桂妖山別行以
嘉定己巳之朔旦偕前邵陽令三山江信
之來遊
朝陽鍾大鳴赴廣東運司進士試莆田方
信孺約同訪堯山歸路過曾程二巖酌別
于龍隱來日遂行玉筍山道士胡佺平偕
至嘉定八年六月晦
嘉熙己亥重九日帥守建安徐清叟直翁
綉使稽山黄自明明仲同遊

癸丑十月十七日丘仁叟譚雄飛裴夢虎

同遊

高陽許慶元善弘農楊禹圭君寶辛巳歲

季春念九日同遊男許珪侍行謹題

華陰楊損益老来自都城觀桂林山水奇

秀歎未嘗見江都尚安國長卿于是拉金

華姚翊中文發寵弟充國翁卿定國曼卿

宅相楊俊彥周輔相與徧遊巖洞登超然

過八桂升雄山探風穴入栖霞捫七星濯

纓於伏波烹茶于靈隱酌酒曾公巖中泛舟妙樂堂下自戊申至庚戌凡三日而後歷覽物外勝游一段佳事也宣和七年歲次乙巳夏六月初十日書

灕山人曰桂諸近山七星為冠栖霞窅邃与人世隔故唐人比之仙庭如所云日月两華居世寧有之哉猶燕秦方士談海中三神山者卒莫至其下雖涉夸誕然是山之勝不可誣也故尹穡仙蹟記輙刻去之

其銘特以清警存李文光楊眉孫真聖殿
全真觀記于攢峯列壑不少光賛反為羽
流張其土木何以觀焉圖經故傳是山慶
林觀以有瑞石告唐長世之符至遣李衛
國靖就視之事有無不足辨而衛國為大
使安撫嶺外唐書紀之明甚頃循彈丸溪
行見溪旁石壁刻有唐桂州都總管使李
衛國公廟天福二年加封靈顯王字心儀
其廟當在是地祠未經桂之伏波与祠衛

國不更有顯據哉厥壁嶕嶢上出白雲下
鏡清溪留眺良久目眴意迷憶往期友人
故中尉經盡挈臥具壁下冀覩竟日霞洞
函其奇彈壁挺其秀足令千山望風自失
其惟七星乎

桂勝第七卷

龍隱山

七星迴昳並薄青冥旻惟龍隱分道宅南自表宜以巖名建山之號云或曰龍影以龍去影存游者刺舟轉碕入竇見其上石裂長數丈作鱗甲形登岸緣麓則有大巖如排高門坐堂皇可以廣宴或題曰龍騰謂龍已絶地上飛天漢右亦有巖曰月牙狀月之初乃騰隱兩巖列坐則丹曜藏熖引

舟則玄墅生涼用消夏為快不似諸空洞来風或中人也騰巖又有滴玉泉〻從山椒點〻隨石穴琤然作清響宋人来游酌石溜試新茗即此中故有釋迦寺環翠驂鸞兩閣又有兩華堂或曰驂鸞乃宋范公成大亭或仍閣之名范又有驂鸞記〻自吳入桂道里所歷亭廢續建後更名曰怡雲即故亭地宋游最盛鐫題之衆至環兩巖使壁無完石他巖未之有也

虞衡志云龍隱巖在七星山脚没江水中泛舟至石壁下有大洞門高可百丈鼓櫂而入仰觀洞頂有龍跡夭矯若印泥然具長竟洞舟行僅一箭許别有洞門可出巖在洞側山半有小寺即巖為佛堂不復屋焉

詩

宋李師中　過江緣磴尋溪根隱然絶壁天開門傳云此處有龍隱陰巖凛凛猶疑

存風雲已与時變合苔蘚尚蝕初潛痕嗟
予出處不自重遇事輕發難為神
又有序　師中嘉祐三年九月受命來嶺外
七年十一月得請知濟州感恩顧已喜不
自勝留詩四章以志歲月云今録其後二
首
乞得衰身出瘴烟一麾仍許視于藩家園
在望松楸近自問如何報上恩
出岫白雲猶繚繞離羣飛鳥尚鳴悲四年

人去豈無恨況是梅花滿樹時
張田　龍隱晦真時莫考龍驤拏攫跡堪
驚孔明久臥養全德老子忽飛　太清溪
上一天常氣勝洞中六月自寒生至情不
得無情處甘澤年〻灑百城
治平四年六月題後四十七年政和甲
午三月孫修武郎光祖重書上石
轉運使太常少卿章峴　吏局區〻得暇
難倚崖高閣暫登攀羣峯半出重林外小

艇横浮一水間霜葉信風隨鳥逝晚雲沉石伴僧閑夕陽欲下猶迴戀更鼓清琴数弄還

又丁未上巳重遊

溪千巘棹訪巖扉危磴攀緣不欲歸垂乳滴巖當佛坐宿雲留潤在僧衣聊開禊席臨流水閑擲文竿到落暉旅宦天涯甘寂寞送春無意惜芳菲

又留題龍隱巖

碧崖石室俯清漣蟠蟄靈虬不記年委蛇去為天下雨抱珠歸作

洞中眠照開霧脚澄溪月滴破雲根暗穴泉負郭勝遊雖信美桑間留愛我無緣

熙寧戊申仲秋二十六日刻于崖壁男凝書

張澂　桂嶺摩天灘波經地兩磅礴盡石之變窮神之秘禹所鑿故其高者峭拔排空礪乎槩而其下者宏曠洞達俯觀闍瞻彼龍巖穹窿巃嵸跨騫廓發地百尺蜿蜒躨跜勢拏攫騎風乘雲去為膏澤起焦涸

或為至人老子孔明世程䕶結融肖像絲
介朱鬣究如昨風醒雨溢森然向人恐遂
躍泰龍不官孔甲劉累失其學亦復舞湫
號蚪生物困陵轢我昔笠澤覽觀湖海天
一握正見神物下飲濤波釃瀺濟蒼鱗修
尾其大環臂烟霧薄須臾上征疾雷迅雨
間飛電自喜壯觀光絶後前邀霄塄豈知
白首炎陬水石窮脉絡雄姿偉態摩娑沈
歎窘揚擢潭湫涵濬尚其來遊醉牷擽山

空月寒風露淒然誰与樂却視陳迹感欷
陵谷貽以愕我作銘詩贅牙嚄唶娩灝噩
琢之嵌巖日月齊光萬古託
許予紹留題龍隱巖　矯首初来北斗峯
直穿山腹作玲瓏石間蛻骨痕猶在淵底
藏珠水更通霖雨幾年巖野去卧龍何處
草廬空眼中要識真英物寫跡無勞想下
風　淳熈改元重九昜升之侍
朱晞顔詩四首録其二

遊壺天觀泛舟過龍隱洞小酌至月上乃
歸
浪道湘南是瘴鄉玉壺銀闕四時凉卧龍
不起葭灰動愛日至鸞繡縷長浮蟻且同
佳節醉探梅不作少年狂暮歸慚愧山頭
月照我駸〻兩鬢霜
又暇日過龍隱山有以千葉白梅獻者輙
成鄙句
素艷重〻疊雪輕先春不怕雪霜凝人言

五嶺地皆熱誰折一枝寒欲氷似咲踈花
太孤瘦故教蕊葉擁千層湘南別有新春
樣拚醉花前喚不應　同時胡寺丞劉教
授和梅詩以不及朱故不録
張金　何年此地蟄飛龍石壁蜿蜒尚有
蹤爲報龍公莫貪睡郡人于爾卜豊凶
張叔信後有小序　幾年鱗甲蟄清淵一
旦飛騰石自穿遺跡漫存離舊隱定應銜
雨去朝天

又

洞口巖高著數椽湫靈聽法護金仙
騰身一躍天池後雲霧于今尚溺然

番陽銀峯張叔信慶元戊午季春尚澣偶
因暇日携家尋勝巖洞固多而此尤絶豈
非神剜地設者耶聊書二絶以紀其異同遊
御儁余儼季莊汪邁養浩

方信孺　春波飽歠綠斗柄函空明方舟
貫巖腹鵃觀相酬鳴仰窺穹窿頂究轉百
怪呈僅餘鱗甲碎不見頭角獰下闖清泠

淵演迤萬頃澄但同魚鳥參勿遣蛟龍驚
扶苔撫奇篆倚棹看題名三將標殊勲自
与山不傾誰欲贊小築改恐山靈嗔南洞
更幽絕仙佛依崢嶸太虛可為室豈復資
欒楹乳泉助茗椀中有冰雪清何須騎鸞
去此即白玉京曷来不速客抱琴忽逢迎
愛此無絃曲崖溜同一聲為君洗塵耳喚
我詩魂醒祇愁白衣到好句亡繇成

又

石門元不鎖巖屋本無基九夏花猶

在千年樹倒垂僧閒方定起客到每歸遲
甚欲眠蓬葉沿崖續斷碑
又　曾榜武夷九曲何如桂嶺七星水石
小容蝸　煙雲長帶龍腥
又　愛山那惜走千回生怕前驅後騎催
石上參差鱗甲動眼中在處畫圖開驂鸞
未辨乘風去浮鷁何妨載雨來人事百年
俱變滅秖應題字不塵埃
雨脚初收魚尾霞滿溪流水半溪花尋源

曾識武陵洞泛宅如浮　水家但得嵌空
元有路何如峭絶不容車道人辛苦經雲
水成塔從来是刼沙
無名氏　翠壁凌雲聳禪扉向水開巖高
隱靈跡地勝隔囂埃瀑影簷前落江聲檻
外来斜陽無限景歸意幾徘徊
又　絶頂敞靈洞危空寶榻開層軒飛瀑
布幽徑出氛埃炎暑先秋去嵐光向晚来
忘機聊一息鷗鳥共徘徊

又七言絕句一首　亂峯凝碧鬭巑岏曾

有神龍此蟄蟠靈物已興甘澤去高巖依

舊挿雲端

題名

尚書外郎熊同文侍禁閣門祗候王貞白

殿中侍御史俞獻可大中祥符五年九月

九日同來獻可書

廣南西路體量安撫使副余靖安道漕副

熊文友經畧安撫蕭固幹臣轉運使宋咸

貫之兵馬鈐轄柳涉公濟提點刑獄李師
中誠之馬仲方子正通判黃照晦甫是日
遊風洞栖霞洞遂遊此嘉祐五年十月晦
日題趙璞書

大宋治平元年仲冬二十七日同轉運判
官孔延之長源前安撫司勾當公事姚原
道彥聖新知龔州丁鍔帶聲自壽寧院抵
慶林觀少休風洞上登栖霞洞却下漾檝
泊龍隱巖行觴嘯詠日薄西渡提點刑獄

余藻賀夫因書遊覽之勝刻于崖石
經臣張覲執中劉彝志康傅燮熙寧甲寅
六月六　日同尋回穴山飯于是巖酌石乳
之溜試　源新芽香色相得皆絶歎賞數
四遂同舟以遊風洞
權發遣轉運使尚書屯田郎中直集賢縣院
張頡副使殿中丞苗時中提點刑獄太常
博士劉宗傑管勾常平前江山丞劉誼元
豐元年八月二十四日遊龍巖

起居舍人龍圖閣待制知桂州兼廣西經
畧安撫使曾布權發遣轉運使尚書度支
郎中直集賢院陳倩權副使殿中丞苗時
中權發遣提點刑獄太常博士劉宗傑權
發遣提舉常平秘書丞齊諶管勾常平前
江山縣丞劉誼元豐二年二月十日遊廻
穴
南豐曾布已未上巳盡室經月歷覽東觀
巖穴之勝遂遊雉山

南豐曾布甬上苗時中洛陽劉宗傑歷陽齊諶吳興劉誼元豐二年四月二十日同

遊

建安陳杲景初襄邑鄭安恭子禮莆田吳賛仲一温陵康寧元壽昭武饒浚明彥觀方城范揆辰公任全魏王拯濟翁吳祖憲叔章觀梅郊外早會於脩然亭啜茗於此晚集信善寺紹興乙丑臘前一日題（此條在元壽攜家前）

熙寧六年轉運使張覲經臣提點刑獄李

宗儀唐輔馬化德之轉運判官杜璞元珍
提舉常平閻杞蔚宗傳燮志康議事於桂
林月二十九日成書過迴穴察訪廣西
公事許彥先覺之題

比部周應期　陳大順判官張　進
士林豊　熙寧七年六月初八日同遊

朱子文劉伯宗元豊初年六月二十八日
同来

朝請大夫直龍圖閣知桂州兼安撫經畧

胡宗回醇夫朝奉大夫轉運副使程節信
叔轉奉郎提點刑獄曹輔子方朝請郎轉
運判官程遵彥之邵承議郎提舉常平徐
常彥和紹聖乙亥季秋甲辰同遊
朝散郎經畧安撫使司勾當公事盧約瀛
州防禦推官管勾書寫機宜文字胡茂修
和州防禦推官權管勾機宜文字樓禹鄰
州錄事叅勾當公事葉世隆紹聖壬午
七月癸巳

信安留怙彦強江夏黄忱君錫零陵陶逵
田聖弟迥鄰之宣城侍其鉉希聲洛陽席
貢叔獻元符己卯正月十二日同遊龍隱
巖
壽之赴官合浦道出桂林遊龍隱巖伏覩
先君經畧龍圖留題不勝感戚元符二年
九月旦日第三男供備庫副使新差廣南
西路兵馬都監兼知廉州軍州事張壽之
謹記

新定許端卿中甫雅有巖洞之好被召歸
刑曹鄱陽程節信叔歷陽張景温敦直全
魏董遵守道酌别于此而中甫眷〻有惜
去之意元符庚辰五月十九日題

鄱陽程節曲江譚掞臨川劉家全魏董遵
廬陵曾正建中靖國元年寒食日同遊

天下洞類多幽陰或遠水清韻不足龍隱
巖高而明虛而有容復臨深溪大槩似碧
落洞而登覽之富則過之建中靖國元年

臘晦日譚掞書

譚掞周晃杜奎張濩張元穎錢孝彥李彥弼洪彥升程鄰周刋范珤曾定求辛巳臘中澣同遊

顯謨閣待制經畧安撫使王祖道若愚權發遣轉運副使公事張莊正民提舉常平等事索述宗理權發遣轉運判官公事陳邁亨伯崇寧五年八月十有九日

若愚過宗理亨伯正民崇寧五年聯事桂林

屢遊巖洞將紀于石八月下澣日宗理亨
伯正民　未成而偶得此遂題
韋公輔率胥士穎孫祖德劉与呂會食崇
寧登轉魁觀風洞歷曾公巖泛舟之龍隱
晚酌于驂鸞閣大觀庚寅十一月二十五
日士穎記于石
朱輅國器韓清安道杜綜公實戴亨中道
紀周裕若德李伯修時敏政和改元孟秋
既晦遊曾公巖登風洞浮江下龍隱抵暮

而後歸
陳仲宜道夫唐最夢傳戴安仁質夫陳中
復從道趙淵深之唐懋晉德政和辛卯九
月十有三日同遊龍隱巖
建安謝勲古原田永叔年長沙裴峣俟延季
義郴杜傑淮陽楚執規楊書思鄱陽張琮
臨川劉芑政和三年二月二十九日自東
禪泛舟過龍隱巖
劉鎡蔡憚呂汴馮元震俟材王蕃宣和己

亥仲秋二十三同遊
曾郡尹温叔挈家来遊日暮乃歸男檣侍
行建炎庚戌六月上澣
少隱置酒翛然會公弼景淵以矩飲罷挐
舟絕溪遊龍隱巖酌乳泉煎沉水解衣盤
薄久之過栖霞晚復集于寧壽紹興五年
三月初十日此后入前建安陳杲一條
元壽携家遊疊綵到八桂堂陶家園栖霞
洞曾公巖風洞午食龍隱晚集雄山過于

家園歸紹興丙寅寒食前二日
明道質夫吉甫務德方明紹興戊辰六月
十一日同遊
楚東汪恪端中潮陽劉汶昌叟桐廬方洪
稚川紹興戊辰六月二十八日同遊
叔遲將歸上饒子毓素仲稚川餞別于八
桂堂放舟遊曾公龍隱之巖舉觴相屬悵
然有離去之嘆紹興己巳正月中澣
桐廬方滋務德清湘唐時逢堯廬陵劉彦

登允升莆田戴緯對甫　王忠臣子厚
臨川劉振時舉楚東汪恪端中雒陽李津
元映　大梁　紹興己巳春
社同登龍隱巖吸建溪新茗遂過遊曾公
巖
朱景通將之石龍黃繼道董全老鮮官憲
幕王師孟詹元簡邀方稚川劉孟公餞別
於倚然亭飯罷遊龍隱巖過栖霞洞登山
臨水離思黯然抵暮還湘南小酌紹興庚

午九月既望

唐逢堯趙周材汪聖錫劉時舉王公休方
稚川紹興辛未六月二日同遊

後五十一年紹興丙子十月初五日轉運
判官王孝先来遊恭覩先公經畧尚書舊
誌驚歲月之逝想風木之悲揮涕而書謹
勒諸石

開封蔣公被旨廣西幹事因遊諸洞至此
少憩建武劉文舉偕行改元隆興季秋初

七日命侄存思書於石記已日觀
七閩孫師聖黄壽之江清卿修卿陳啓宗
黄升卿張子真子斐王公左謝少魏乾道
丁亥六月上休自七星聯鑣過程公嚴小
集龍隱泛舟由朝陽以歸師聖子德卿壽
之子希呂侍行
金華朱鈸永嘉周去非直夫豫章藺世傑
伯俊西洛王子燁晦叔廣漢張杓定叟定
叟之甥甘爽可大來遊壬辰三月晦

淳熙十三年冬十月己亥桐廬詹儀之開
封王寅祖姑蘇孫詔遠職事之餘来遊龍
隱是日大風重裘不煖俯仰久之至骨為
聳

淳熙己酉中元日李景淳徐體仁劉益仁
来遊龍隱巖樂水石之勝徜徉久之

桂林巖洞龍隱其最也下有潭泓澄縈紆
貫于巖腹世傳昔有龍蟠伏其間因以名
焉公餘同廬陵曾天若婺女呂祖平新淦

董世儀建安劉源来遊得二十八字紹興熙
改元十月吉日新安朱晞顏
慶元戊午正月八日集松關之翛然亭既
而挐扁舟延緣過龍隱為水石更酌及暮
登新橋以歸董世儀子羽王琨德貢熊忠
遜謙甫呂大信不約曾三畏無過武居仁
榮叔王琳子休饒祖堯述古楊相魏翁劉
龜習李占楊汝明仲藻魏璋廷珪劉正之
子正余棣林華高正臣治表趙善欽々之

趙師撫聖從范行閱景騫喜而来與者趙
彥綝仲正
魏郡王子羽公飾臨江劉正之子正廬陵
李如圭寶之豫章黃銖公權慶元戊午中
秋前二日来遊臨流班坐洗醆更酌久之
而去
嘉定己巳合沙黃師淵子仁師騫子孝師
晳子輿師參子魯師雍子敬鄭潤輔濟仲
同遊

嘉定甲戌立秋後二日部國趙善淇衛叔
假守玉融因獲登檻同遊螺川李卿月子
西鄧山朱變德和男汝巉侍
曾仝洪友成朱鉅朱鑑潘瀾劉天成趙必
益必矩嘉定丙子十月朔同遊龍隱
嘉定丁丑立秋後一日昭武鄒應龍景初
南 吳純 德粹廬陵曾煥文卿同遊
右文殿經略安撫廬陵胡槻伯圖提點刑
獄吳興芮及言子及轉運判官括蒼沈賓

茂楊嘉定十四年季冬十有四日同遊龍
隱時茂楊已有星郎之命

嘉熙戊戌歲七月癸未龍溪顏顧仲景正
邀長沙鍾震春伯登湘南樓過脩然亭浮
灕江訪龍隱窮栖霞冷水諸洞之勝羽觴
滿引角巾相羊時以令休乘暇幽尋超然
物外髣髴乎日月華君之与遊也

淳祐丁未季秋中澣長洲陳信伯茗溪朱
應元以幕府休暇日自癸水泛舟來遊龍

隱流泉怪石天巧地靈老桂秋爾風清日
美人世之仙境也
河內李曾伯長孺同賓客溫陵錢宏聲父
清湘趙畬夫俞仲長沙楊允恭謙仲三山
黄應雷叔震眉山楊姬子西臨川鄧淳德
粹衡陽陳彌壽仁父以淳祐庚戌二月中
澣潮来遊是日久雨初霽風日和美相与烹
泉瀹茗而去曾伯因為先世遺墨拂塵期
而不至者邑郡稅與權巽父

朱埴侍二親來觀寶祐戊午冬
閩中朱禩孫以景定庚申帥嶺右屬南邊
俶擾之後惟征惟築日不暇給賴朝廷威
德年穀屢豐邊鄙不聳盜賊衰息咸淳初
元春誤蒙恩召歸行有日頃客任忠益揚
佫趙與植朱景行
　文有年胡斗元管炎發蔡昌文周揆
王煥陳埜王公及來遊男皐侍
古壽呂師夔虞卿以咸淳八年被旨牧桂

明年夏五吻召東歸乃率偕行者壽諸石
江陵李直清寅之九江周德一宏英合沙
周舜夫景舜古歙方端夫正仲光山胡文
舉公選臨濠孫揚武景武孫振武景文壽
陽揚震孫東叟程逢達伯淮合肥翟國寶
君端子元直元仁元愷元方元哲侍
咸淳壬申嘉平中澣衡山熊桂巖伯長
沙嚴龕應之廬陵管浚發季源衡陽尹可
繼子善

八桂巖洞爲天下奇觀同谷李興九華章
時癸臺閫餘閒躍馬汎舟仰堯山之高挹
諸巖之勝時和歲豊與堯民共擊壤云咸
淳甲戌上巳後十日

雨華堂三大字　東平劉無欲書住山僧
慧澄刻

世節堂三大字　嘉定八年二月吉莆田
方信孺新桂林西漕臺廳事爲世節堂長
沙易祓書扁磨崖于龍隱巖

谿園居士四篆字吳億書
灘山人曰游觀美而舟輿湊學士集而雕
鏤繁終宋之世騰隱兩巖衣冠填委矣略
覽文字識其名氏不無先政之思清直如
張公田恬澹如李公師中所至有惠政如
苗公時中而余公靖則勳名最優者也抵
掌文藝娛情水石如章太常峴之清思方
提刑信孺之雋賞蓋亦來遊之傑焉而其
他聲侔循吏言追有斐逸在諸書出余觀

記之外及未列名茲山者何可殫舉乃宋頌挈歸本傳平農之碑桂故備矣至若曾之神道羅之御書並勒巖阿用垂不朽固孝子慈孫之心然水木非其墓道林壑異夫先祠況衆遊之所歸豈一姓之獨侈朱得屏於高涼洪邁記于鄱郡米程籥詠王正功留題乳洞龍隱無與也又元祐黨籍崇寧奬諭敕書懲既非惡賞亦非功何足視後世予陳彌壽撰董公德政碑磨滅過

半雖然棠下之思峴首之淚豈一門生所
鍾念哉

桂勝第八卷

屛風山

山形折疊故以屛名去圓通灣不遠灣水紆滴下接彈丸溪未至灣分道行稍北抵麓又稍東巖門在焉其門東嚮上高下廣外屬平野々無雜樹弥望皆長松七星諸峯近在東南蒼翠明滅若涌松濤入巖見兩壁瑩潔如新琢玉屛不但折疊微似已也深入十數丈地漸高起又似築臺其上

上有石如鍾墮地高起處有石磴躡盡則天光直射為後小門范公成大表以空明又於其外作壺天觀〻久廢遊者憩飲巖中如在玉壺又石壁上有懸崖可捫以登嘯呼其間又令人有五城十二樓之想壁左有李彥弼為程鄰作建築邕州記故一名程公巖

虞衡志云屏風巖在平地斷山峭壁之下入洞門上下左右皆高廣百餘丈中有平

地可宴百客仰視鍾乳森然倒垂者甚多躡石磴五十級有石穴通明透穴而出則山川城郭恍然無際余因其處作壷天觀而命其洞曰空明

詩

宋張孝祥

高巖劃天開仄徑通乳穴隈堆青螺髻嵽嵲白玉闕外有虎豹蹲中恐蛟蜃蟄東縈俯雷電西出挾日月萬壑來悲風六月不知熱但覺駭心目未易記筆舌

平生山水趣嶺海最奇絶洞府二十四未厭屐齒折晚乃遊此巖餘地比僕妄同来六七士嗜好頗相埒擧酒酹山神慰汝久湮藏

梁安世　宣政喜遷功隆光築州縣程公自名巖　記所建得既不償費中興棄不繕誕謾磨崖辭當日妄誇衒英英石湖仙改作壺天觀壁間之大字莊重如栽弁詩文鸞鶴音筆勢龍蛇攀登高瞰洞户灘

水澄如練勝槩出靈臺遐觀起三歎玲瓏
二十四妙墨鐫題徧我来為拂塵端兹侍
顔面邦人頌遺愛壽骨癯且健今　麟
堂安得使之見

文

宋侯彭老程公巖記　自湘南楼渡重江
而東林坰曠然距水五里有山如屏儼然
高峙若環群峰而主之其中巻然而虚曠
而邃深幽巖天成仙居神護凡數百步貫

徹山之陰高明爽塏下視七星山若尊于
前西顧洲渚城邑可以指數盖龍隱栖霞
之所蘊蓄与夫轉圖傲雲之所鋪寫是皆
兼而有之備具衆美冠于天南雖使造物
者更復運意不可增損崇寧之初鄱陽寶
文程公始開是巖方是時桂人樂公之化
而從公之遊盖無日不熙然也咸以程公
巖名之遺愛在人百年之思景物如昔言
者墮淚後數年公之子既来帥桂其忠義

文武所以為國家捍邊而庇其民者亦如
公而年尚壯力方剛福禄功名未易量也
公之盛德可信者如此則是巖託公以久
者當与召茇同日而語又非特若羊公之
峴山而已昔栁子厚為裴中立丞記訾家洲
其辭瓌怪然徒列遊觀之勝而是巖也余
可以無籍乎

范成大壺天觀銘并序　凡洞穴皆幽闇
偪仄東燭而遊唯屏風巖高廣壁立如廈

莊大廈延納暉景内外昭徹石湖居士名
之曰空明之洞由磴道數十級出小石穴
山川城郭恍然無際乃作觀臺是名壺天
遊客詫曰大哉斯壺函裏如許居士曰世
所有相如空浮華心目顛倒　故
善巧者能於寶珠及于芥子乃至毫端出
現塵刹彼觀者不覺不知况一壺哉客悟
且笑曰然則遊戲神通耶居士亦笑而為
之銘曰心塵目華三昧現前我提一壺彌

羅大千無有方所四維上下此三昧門溥
施遊者

題名

經畧安撫蔡懌樂道提點刑獄尚用之仲
明廉訪使者張洵仁仲宣和甲辰八月初
八日同遊

桂林巖洞冠天下而此巖最清絶又五嶺
之冠也延平鄧公衍彥達宜春藍茁文穎
秦臺西門賞進賢平陽𠀤斤仲通建炎戊

中天中節日来遊
經畧安撫建安周与道提點刑獄江東程
巨用廉訪使者開封侯晋卿建炎二年十
月初五日同遊飯罷乘興遊栖霞洞
許中甫遊慶林来此庚辰六月廿八日題
李似之林德允許師仲两仲同来乾道丁
亥十一月廿有四日
明年秋七月甲子師仲与二月唐德柄三
衢劉公實復来　望三日再至

經畧安撫使范成大新作壺天觀提點刑
獄鄭丙落其成轉運判官趙善政提點坑
冶經畧錢守大正同集淳熙改元十月十
日
夏彥鴻淳熙甲午仲秋題
淳祐丙午復亨之明日永嘉翁安之恭文
寶婺章文之文叔開封劉必聞達可廬陵
郭有道景泰左讜忠文盱江黃應龍正父
周子榮景仁繆雲潘景丑孟清江龍奎沃

定同飲餞南海錢益良輔於簪帶亭乃由栖霞步曾巖登辰山重會于此是月也瑞雪翔空愛景騰耀羣玉獻狀沃野如繡腃馬良集於是乎書

灕山人曰余從巖壁讀李彥弼兊州記而重有感於立名之難焉程氏帥桂綦兵竭貲以奉異類外之夸示州部內自結於君相顯有榮名世載不替宜矣未幾而貽梁安世之刺其指与宋史符豈漢法所謂附

下因上懷讒迷國者耶夫既偷取及身之
榮又欲規徼永世之譽假寵文士雕篆名
山自以為計之得李記鹽矣如因功貿何
故不敢取載倂語畢〻第為山存之至今
里人亦無復知有何程公巖者范文穆在
鎮坦示綏褱不矜威畧公府多暇率遊晏
水石方赴桂記驂鸞比去桂入蜀虞衡有
志今見傳世間吴則丹青石湖桂則俎豆
名宦不期名而名隨之太史公曰名不虛

立士不虛附茲巗見之矣

靜嘉堂藏
835
10 5

桂勝第九卷

疊綵山

桂城直北重門夾山山分東行曰鎮南歷仙鶴至疊綵其洞亦以山名一曰風洞洞左小山曰千越其右小支戟立曰四望唐元常侍晦各有小記鏤于其山多所發明越亭一詩為茲山麗製至其移鎮浙東戀戀不忍去見于留別之詠三山蓋常侍之清賞處築鑿之盛畧具風土記中當揭帝

朱陸時廣池漸麓茂樹連山干越四望擁
翠而前殘霞斷靄渙漫層崖何異疊綵然
不但石文已也洞後則堯山蔽天而下灕
江若練南下闘鷄目之所游覽勝交集又
四望之下亂石縱橫枕藉排突半起半伏
坡陀隱軫門逕延曼亦他山所希有右極
城北蒼翠緜絡下則混沌上則瞻鶴諸巖
互經亦其輔也
風土記云越亭在府城北與壽聖寺接連

有巖洞亭臺高峯碧嶂山穴透出北面因名北牖洞遠眺長江極目烟水北人至此多矜御思會昌初前使元常侍晦瞍搜達金貂翺翔翰林楊歷臺省性好巖沼時恣盤遊建大八角亭寫其真其院即為寫真院歌臺釣榭石室蓮池流盃亭花藥院特為絕景于時潞寇初平四郊無壘公私宴聚較勝爭先美節良辰尋芳選勝管絃車馬闐隘路隅

虞衡志云叠綵巖在八桂堂後支徑登山
大半有洞曲轉穿出山背

詩

唐桂州刺史兼御史中丞元晦越亭二十
韻

乏才叨八使徇禄非三顧南服頒詔條柬
林證迷誤未聞述職効偶脫囂煩趣激水
瀠均塘緣崖歆磴步西巖煥朝旭深壑囊
宿霧顥氣爽衣巾凉颸輕杖屨臨高神慮

寂遠眺川原布孤帆逗汀烟飄鷗集江樹獨探洞府靜悅若偓佺遇一瞬契真宗百年成安故孱顔石户啓杳靄溪雲度松籟韻宫商鴛甍勢翔遡津梁危彴架濟物虛舟渡環流馳羽觴金英妬粧嫭茄吟寒壘迴鳥噪空山暮悵望麋鹿心低廻車馬路懸冠謝陶令褫珮懷疏傅遐想蛻纓緌徒慙郵襦袴福盈禍之倚推勝道所惡何必栖禅關無言自冥悟

又除浙東留題　紫泥遠自金鑾降朱旆翩馳鏡水頭閫令風光偏畏夜子牟真鬢暗驚秋西鄰月色何時見南國春光豈再遊莫遣艷歌催客醉不堪回首翠娥愁

副使路貫和　謝安致理逾三載黃霸清聲徹九重猶輟珮環歸鳳闕且將仁政到稽峯林間立馬羅千騎池上開筵醉一鍾共喜甘棠有新詠獨慙霜鬢又攀龍

宋朱晞顔前有小序　新安朱晞顔携家

訪疊綵巘登越亭下臨江流清風時至忘其夏日之畏云因書以紀歲月寔紹熙甲寅重五後二十日也

不到越亭久榴花今幾紅江流寒瀉玉山色翠浮空百越薰風裏三湘夕照中行藏仗忠信六合本同風

無名氏題分水嶺　無愁為不負人間荒徼虛名是老閒雁廻白日迷千嶺猿叫黃昏隔兩山　下刻嗣吳不知為何人

文

唐元晦疊綵山記　按圖經山以石文橫布彩翠相間若疊彩然故以爲名東至二里許枕壓桂水其西巖有石門中有石像故曰福庭又門陰構齋雲亭迥在西北曠視天表想望歸途北人此遊多軫鄉思會昌三年六月蕆功南自曲江上極山林四年七月功既

又千越山記文多剥落不可讀大都紀其

叙搆亭榭与山名干越之故畧可見者裁
数十字曰直渚之北有虚檻釣榭由此三
逕各趨所抵左指山隈右向之僧舍為寫
真堂北鑿山逕由東崖茅齋經栖真洞而
北史記云秦并諸侯以百越之地為桂林
郡吳遣步騭征南克有干越此後惟有吳
都賦字不可讀矣

又四望山小記　山名四望故亭為銷憂
亭之前後綿絡山腹皆逕梁危磴由西而

北復東上疊綵右崖至福庭石門約三十
餘步

題名

安南桂管宣慰使馬日温送馬祭酒上後
因遇吳王三人同遊此洞元和九年春四
日題

南豐曾布子宣浦城陳倩君美符離苗時
中子居永安劉宗傑唐輔歷陽齊諶子期
長興劉誼宜夫元豐二年六月初三日同

遊

建安謝勲信都李温古原田永年淮海楊

書思政和三年癸巳二月二十四日遊石

門洞

淳熙戊戌春分日桐廬詹儀之體仁与僚

屬来遊王　登叟王俊仲瑶周邦弼直卿

鄭郇夢授

開禧丙寅寒食日浚儀趙善荼作肅領兒

輩汝洌汝瀧汝淏汝渲増武陽謝寧孫鄧

友直来遊外甥謝賓鄧筠侍行
吴穎仰方夷吾子容劉孟公来辛未三月
丁酉
千越山有唐貞元年間吉州康司士義興
房丞江陵韋隨軍皆以所鐫字滅失其名
惟前進士陶立言則可觀者亦當時来遊
之題名也
疊綵山三大篆字又有福真洞三字亦篆
書

千越山三字橫列自左而右山下有栖真洞及洞北門共九大字皆用篆

四望山亦三篆字不著書者姓名然皆元晦時所題鐫

混沌巖三大字亦篆文

灘山人曰諸言疊綵山者一曰桂山以山多產桂又云其上有越王臺一名越王山至問其故則曰五代馬氏以弟賓節度桂築臺其間遺址尚在雖然州既稱桂山悉

從之何獨是山得巔桂哉第如所云以多
產桂奈何今寥〻也且疊綵之名元常侍
自謂本之圖經非自唐始何不遵用而必
曰桂又馬殷秉亂起竊據湖南一賓何足
道顧越王之何其悖哉干越四望不復為
遊人所屬目即越亭亦罕有能道其事豈
非以淥池揚塵雕闌滅迹無從按視与常
侍至今七百有餘歲三山遺刻詞采清蔚
可備詞覽者卒莫有出其上不以屬之反

循他稱可予籍令越王隆臺中天衹取辱
焉惜華景失其巖光亭詠可爲寶積發太
息也已

桂勝第十卷

寶積山

夾北城而西是為寶華當山中斷續以雉堞下有重門為西清寶積山自南來交抱其口前巖東竇為華景華景之前橫塘深廣晨飄霞綺夕麗金波得水而觀益增故唐元常侍晦建亭一曰巖光以巖拂水而寫光也石屋平敞可視龍隱其後則翠壁上蟠漸至峯首有諸葛祠從北至西城壁

峻削皆斬崖為之雖石頭之險不能過也唐以前謂西阜高起名其地為盤龍岡諸葛之祠無亦因岡名与卧龍微相似耶或曰珠合不識所謂然此五六山峯嶂參錯北城據之其險亘天而疊綵寶積兩巖洞分寺市對開其上若北城東西兩翼又皆在城中不獨人士游賞斯集至于冠蓋往來南北望皇華之清塵申折柳之餘戀非東之疊綵則西之寶積矣

風土記云巖光亭在北羅門外臺亭巖洞
亞于越亭亦是元常侍新置有石棊局欄
柯石
虞衡志云華景洞高廣如十間屋洞門亦
然

詩

唐元晦　石靜如開鏡山高若聳蓮罥竿
柚玉管花蔓綴金鈿
此詩蓋長律其刻至宋尚在今莫能得

惟風土記存此四句爾

宋呂愿中　斯洞名華景纍〻乳石懸虛崖疑月窟絕頂瞰江滿巖底金仙鏡峯頭玉井蓮地形居衆外氣象偉無前徙杖觀初日歸輿觸暝烟蔽林排翠幄封蘚簇花鈿幽致恣清賞鐫題記昔年猿啼聲應谷雲破月侵筵策蹇追華駟鳴弦指墜鳶誰人能畫此為倩老龍眠

張自明　踏破蒼苔覓舊題五言覓得曉

唐詩巖光人憶遺名好華景天開一段奇

鐵鎖掣關纏壁壘玉梯穿路透瑤池古心

未展閑遊戲慙愧平生華子期

鄭會龍題蔣詩翁故居　詩翁仙去舊壇

荒雲滿空山花自香老盡遊人春不問杜

鵑聲裏幾斜陽

文

宋李曾伯紀功碑　寶祐戊午朝廷合二

廣創制閫命曾伯再牧防南鄙也尋調建

康都統制朱廣用領軍来戍於是比諸道
戍兵並委之總統相与修浚城池為保固
計是秋韃犯州邑境頼我師遏之不致深
入明年開慶己未藥鑿甫竣邊遽已動七
月虜渡烏泥江八月犯横山九月二十二
日薄我城下幸壁壘具將士用命一鼓而
殪賊前鋒遂引退砦於數十里外我師晝
夜攻刦大小十餘捷賊氣頗沮相持兩旬
由間道而湘亟遣兵追襲一捷於黄沙剪

其渠魁俘獲甚衆再捷于衡山剿殺幾盡
賊不克逞以遁陰山極北之寇犯炎方宅
南之境偵伺二十年馳騖數萬里擁衆驅
鑾而入乃載籍所未有向非桂林砥柱其
衝師武臣力敵王所愾廣南亦岌岌甚矣
此皆宗社威靈天人祐助億萬載無疆之
福也茲制閫結局都統制且徹戍以歸礱
石清紀文武賓校氏名載念戢夷犯順非
小變也連年得以固我封守吾民克免猩

難誠同舟共濟者之力翊豢烟瘴犯霜露
備極勞苦是不可不紀以示永久非事誇
詡也提刑提舉兼參謀四明豐澁制機左
綿文可嗣眉山家寓河内李曾伯制議水
嘉鄒琳制幹清湘管安昌襄陽李湜盱江
聶世堅合沙卓年龍制僉長沙凌炳炎禾
江陳彌壽括蒼張建大濟南楊延九江劉
烈清湘趙龠夫廬陵朱埴會稽陳策制帳
都統制長沙朱煥總管峴山彭輿浮光余

夢發都梁丘正浮光朱大德壽陽王勝金陵王逵金陵陳邦傑浮光張琦鈐路統制合肥程俊泗水周旺胡梁李慶山陽楊俊浮光周勝海陵戴俊戎司屬官浮光吴起宗清原羅萬敬古雩鄭祥

題名

大宋嘉祐三年秋七月安撫兼經畧刑部郎中直昭文館知桂州蕭固幹臣轉運使金部員外郎王罕師言因宴北郊語臨桂

令梁庚闢莱　地得一古洞有刻曰華景
其石壁唐桂州刺史御史中丞元晦巖光
亭詩在焉乃會昌五年四月十日題蓋武
宗之乙丑年也其蕪沒則不能審於何時
逮今踰百祀也而復新之於師言且洞無
情物爾而得幹臣師言而興生靈者其興
又可詳矣復再踰月十有六日幹臣師言
与提刑田郎中宋咸貫之同提刑文思副
使王琚彥温鈐轄供備庫使李繼明嗣昌通

判屯田員外郎周約中立復遊於是貫之
因本所以然而書其崖云
提點刑獄李師中前瓊守謝鴻郡丞黄照
幕下孟庭堅段惟修周佺會此巖下嘉祐
辛丑正月十九日
兵馬都監閻紳君儀莞界巡檢劉永世延
之知興安縣卞玄冲道淵熙寧甲戌孟冬
初六日會此
似槃景淵令升少隱公衡同来紹興五年

閏二月初十日

嘉定癸酉長至前四日方孚若邀管定夫

陳膚仲來觀膚仲書榕臺二字贈主人使

鑱之

嘉定七年夏五江西張自明与定武趙蔚

来遊

寶積山三篆字在今傍山居者屋後石壁

因言壁側有呂公巖榕臺亦在其地

灕山人曰山故有元在菴主居自為歌述

元在之意皆西方餘論流入中土者所演說例不采録又蔣詩翁亦卜築其間名氏既滅文字並亡夫蘭可折而薰不可奪故焚之而香生玉可碎而光不可蝕故唐之而彩映蔣翁誠深于詩之金膏玉液与寶積不毀可也李所詠雲非指本山張詩自怨衰宋反笑晚唐何其謬也顧不視李刋去之得無以巖光存哉紀功碑文非孟堅功異車騎且与寶積不相涉槩當黜之然

北虜深入遠窺南徼自天地剖判所未有之事其變非常存以詔來毋忽遠夏禹寶華伊邇胡李兩公築城浚隍圖狀具在雖章時癸記漫滅不可讀且摹且抄藏在故府非識微者所深念予桂嶺乃在臨賀彼中自昔有桂嶺縣与寶積前小坡何豫宋令甲府帥監司度嶺得任子厥後以道不經彼尋削斯賞呂源何為鐫石放上圖主聽而市偉賞其大節可徵已如曰不然請

視范公成大驂鸞録

桂勝第十一卷

隱山　潛洞山　西山

隱山當夾山之南口潛洞出其東北西山峙其西南小於諸山若亂石疊盤北高南下似無奇峯秀壁炫目驚心惟中有六洞洞皆有水不異鑿出上浮水際唐李公渤名其洞之水曰蒙泉疏泉出山名之曰蒙溪諸洞之名各有三隸書曰朝陽夕陽南華北牖白雀嘉蓮疑即渤筆宋人云北牖

有渤題名今不知所在亭榭湖水之盛具吴葺記中宋則張公維大為修浚拓湖至潛洞〻門今尚有刻多紀其事洞前後兩門可通出入潛有南北之號或因之西山迤邐兩峯夾道上至高處環桂山水其勝溢皆故唐人於此登高禪刹道觀争據兩崖〻鐫佛像僅餘金碧若乃樓閣壓銷文字露立鳥啼荒塚草蔓石階雖足俯視兩山然積廢太甚不可復支矣

風土記云隱山本名盤龍岡在府西郭三里与延齡寺相近寶曆年前使李給事渤開置亭臺種植花木有池沼巨巖水深無際有嘉蓮白雀諸洞有慶雲亭在山頂有朝陽亭夕陽亭連理橋山河秀異皆入畫圖作屛障為信好之珍有從事皇甫湜吳武陵撰碑碣三給事徵起山中後為考功郎宰相皆書下考以天子巡遊蹂踐禾稼無所獻替故也及除桂林有嘆鴈詩曰三

朝四懸倦遊征往復皆愁萬里程爾解分飛却回去我方從此向南行益嘆其不復堪遠出云

虞衡志云隐山六洞皆在西湖之上泛湖泊舟自西北登山先至南湖華出洞而西至夕陽洞窮有石門可出至北牖穴口隘狹側身入有穴通嘉蓮西湖之外既有四山巉巗碧玉千峯倒影水面固已奇絕而湖心又浸陰山諸洞之外別有奇峯繪畫所

不及荷花時有泛湖故事勝賞甲于東南

詩

唐李渤留别隱山　如雲不厭蒼梧遠似鴈逢春又北飛惟有隱山溪上月他時相望兩依々

宋孫抗朝陽洞　險絶信天開春蘿蔭古苔不愁雲影閉光得日光來片石充棊局凉坡逓酒盃東風偏著意草木爛成堆

呂愿中　半世觀山髩已皤欲求釣艇老

漁蓑杖藜又過煙霞洞聞説當年爛斧柯

朱晞顔湖上初驚八月秋嶺頭又見桂香
浮巾車幾憶陶彭澤竹馬多慙郭細侯禾
遣林泉還舊隱且同巖壑訪真遊一枰勝
負人何在試問樵柯已爛不

孫抗南華洞　峭徑入蒼烟他山盡一卷
上盤朱鳥翼中寓漆園仙清可携壺賞凉
堪拂石眠九疑生接境曾此按薰絃

吕愿中　亂崖深峭水淙幽六夏来遊儼

似秋安得遽〻一覺夢倚巖栩〻訪莊周

孫抗夕陽洞　塵寰雖未遠顥氣覺偏滋日落鳥歸處秋高風勁時吟餘下天籟坐久凛冰肌信是栖幽境凉蟾照履綦

呂愿中　怪底浮屠不宿桑直搜巖竇意徜徉洞中日月未嘗老何事仙家有夕陽

孫抗北牖洞　舊駐東方騎因題北牖名來須風作御去認斗為城日氣晚方列雲

収寒易生予心匪游衍拱北振華纓
呂愿中　南窓卿寄傲北牖有凉風巖洞
幽深處結茆容老翁
李曾伯　河内李曾伯再牧桂之明年
寶開慶改元上命三衢柴士表視邊隘竣
事將還夏六月二十一日約憲倉四明豈
漼兵帥汪光朱廣用符離朱煥載酒千山
觀訪招隱過仙奕感今懷昔風物固亡恙
也時大傘張空水花蘸碧相与徜徉其意

清不受暑因得四十字并識諸石

自重来嶺嶠豈暇訪湖山緹騎行邊了戎
旗護戍關相看摩玉外一咲六郎間回首
西風静何愁老漢關

豊蒞　闇相可翁先生偕王人有湖山遊
獲侍坐先生有詩輙用韻

西郊陪衮繡雲步入千山行樂五星聚浮
生半日閑尋棋楓葉下載酒藕花間譚笑
長城在何人敢度關

孫抗白雀洞　禽貴羽毛潔地憐巖壑幽名非華陰涑景似秀林秋不覩書塵縱望驚歲月適何如穎川鳳千古冠緹油

呂愿中　洞中石燕何長生白雀何因浪得名無限好山難買得世間奚用孔方兄

孫抗嘉蓮洞　地應連海眼終古蓄寒泉四列青蒼壁雙開菡萏蓮已嗟真賞去猶訝昔香傳未愧東林下霜葩社衆賢

呂愿中　幕〻烟雲鎖洞闗旁開六户類

連環芙蓉未是仙家瑞更約同登太華山

文

唐吳武陵新開隱山記　入則維化出則

寧物〻寧而後志適乃有西垌之貫始一

日命騎西出〻門里餘得小山〻下得伏

流顧曰石秀水清蔥〻乎其巋怪物耶乃

釋騎躡履北上四十餘步得石門左右劍

立矍然若神物持之自石門西行十步得

北洞[月宅]平如堂〻内清縹若繪積乳旁溜凝如壯士上負横石奮怒若活乘高西上有石窓櫺窓下望千山如指自石室東廻三步得石巖〻下有水泓然凝虬蟠之所宅水色墨綠其瀦三丈載舟千石舟可坐數十人羅綵竹歌舞飄然若乘仙巖之南壁有石磴可列樂工十六人其東若献澮貫石流去不知所止北壁半穴如懸門徹外容小舟出門有潭袤三十步潭有芰荷

潭北十步得溪〻橫五里徑二百步可以
之方舟可以汎畫鷁渺然有江海趣魚龍
瀺灂鷗鷺如豢自溪潭之間有地丈餘其
色正赤歷石門東南越小嶺石林危嶠夾
聳左右自嶺下十步得東巖自巖口直下
二十步有水濶三尺許淺沙若畫細草如
織南望有結乳如薰籠其白擁雪自巖西
南上陟飛梯四十級有碧石盆二乳竇滴
下可以酌飲又梯九級得白石盆〻色如玉

盆間有水無源香甘自然可以飲十人不
竭還自石盆東北上又陟飛梯十二級得
石堂足坐二十人乳穗駢垂擊之鏗然金
玉聲堂間有石方如棊局即界之以奕脩
然不知柯之爛矣自堂北出四步直西二
筵南入小峽得内洞東有石室如畫頂上
方井弱翠輕緑便如藻繡自洞南下仰矚
東崖有凝乳如樓如閣如人形如獸狀閣
然不知造物之所變化也自樓閣斗下七

步次石渠〻深七十尺渠上為梁曲折繚繞三百步遠日月所不能燭矣左右列炬而後敢進自梁直南抵絕壁斗下為飛梯飛梯九盤而後及水〻北崖有石閣峭甚滋以欄檻適可宴息水通魚船東出朝陽四隅黝黑方谷如鑿以石下投波聲響山寒氣薄人往〻畏恐自石閣還上絕壁西去十步又得小洞俯行三十步左右壁有鍾乳或垂或滴其極有石室正如禪庵多

白蝙蝠出小洞北上二十步又得外洞石
色猶四洞東西壁下有石數十枚其面砥
平間有四罇琴薦厰狀甚怪游人列坐肅
若氷霰其東有便房桁櫨栱梲支撑環合
猶鬼工之椎琢也洞北七步臨西石門石
門西去三十九步得西洞〻深九十尺北
崖有路可容一執崖南有水〻容若鏡纖
鱗微甲悉可數識東過小石門〻東頫行
三十步詰屈幽邃道絶窮崖又寛明置水

閣崖下閣勝九人閣下水濶三十尺伏流崖南亦達朝陽自西洞口南去一矢得南洞〻西壁可識數十人其東有水輕風徐来微波蕩漾琴高過之當不返矣北上山頂盤曲五百歩石状如牛如馬如熊如羆劍者鼓者笙竽者塤篪者不可名状石路四周而松蘿萃于西北公曰茲山之始与天地並而無能知者揭于人寰淪夫翳薈又将与天地終豈不以其内妍而外朴耶

君子所以進夫心達也吾又舍去是竟不
得知於人矣乃伐棘導泉目山曰隱山泉
曰蒙泉溪曰蒙溪潭曰金龜洞曰北牖曰
朝陽曰南華曰夕陽曰雲户曰白蝙蝠嘉
蓮生曰嘉蓮白雀來曰白雀石渠寒深若
若蟠蛟蜃特曰蛟渠或取其方或因其瑞
幾焯于圖諜也於是節稍廩諸羨積度材
育功為亭于山頂不乘不蘉倏然而成憑
軒四望目極千里高禽鷙獸蛟翔蟻走恍

然令人心欲狂又作亭於北牖之北夾溪潭之間軒然鵬飛矯若虹據左右翼為廚為廊為歌臺為舞榭環植竹樹蔓施叢澤邦人士女咸取宴適或景晴氣和蕭然獨往聽詞于其下嗟予我俗既同我風既調茲亭茲山又与人物共之則不知古之甘棠其類是耶他日會新亭之下辱命紀事奉筆遽題于北榮曰咸紀公字濤之不名重也內吾為伊周外吾為方召疏山發隱

也決泉啓蒙也作亭子來也三者其異乎
四賢之志乎不異也故書
韋宗卿隱山六洞記　天作南北星斗辨
之地分方夏山川間之其土殊其鎮異故
磅礴博厚隱嶙巑嵂連崗走峯千里一息
秦之山也發地千霄上為嶕嶢攢空交映
積為嶔嶺越之山也桂林郡郛千巖競秀
世情賤目俗態無心故茲山接城郭之間
億萬斯年石不能言人未稱焉寶曆元紀

給事中隴西李公以直諫匡主圖贊國政時未及泰人安得寧公辭帝鄉白雲為越嶺時雨六條紘布百城震肅人既安年既豊羽扇空搖鈐閣不引矜羣山而獨往興發得絕境而素尚心來茲山在焉且謚為隱若夫地因人弘山自人顯故有巖結太素至詵稱傳谷闢洪荒及趙號張我得茲山以隱名彰尔其為狀也左扼郡城之固右對招提之剎前虛名而散祝融之火後

清泚而壓玄武之水外孤峯而競秀中六洞而潛通諒知仁之所樂信靈仙之所宅登山自西舉趾維左首至于南華洞〻中水長十餘步濶不可踰深莫之測澄為靈泉播為陽江水側平坦可坐数十人自南華洞西轉五十步至夕陽洞〻長数十丈其傍有水与洞終始在水之東高下有石如砥如礪十数人可憩洞窮有石大高可跂及廣不盈尺鑿穴而登望復使下尋有潭

東去莫究深廣又北轉而東八十步至於石門自石門又東北十五步至北牖洞〻虛潭幽其水潑墨中有巨魚可三四尺鏤鱗鏟甲朱鬣赬尾人或見者龍以敬之潭之左石怪石萬狀如鳥斯飛如虎斯蹲如衣裳發筍如龍蛇出奔乳竇懸玉石壁流雲潭之南有石室深有便房高有石窗追琢不如清瑩可愛又東南轉山一十步至朝陽洞〻中有水傍浸潭側長可數十步

三洞之水周圍相通亂於池入于江水中有石高可三尺其色白其容光圓如薰籠大如匡牀以其水浸于潭側故曰側潭尋側潭之西數十步止有潛洞歷險可至窈窕深邃羽人來蔬却上南壁約六七丈有雙碧石盆懸于半壁容各數升其上尋尺有一白石盆常有水升餘酌之不竭味甘如醴色白凝乳煎以病愈飲以顏駐其側可坐五六人左右石壁皆光滑瑩緻有如

磨礱不礙綿絜，却下從洞口北轉，路絶越巔，山夜不通，構梯架空，得至雲戶，戶內愽敞，容三十人，傍透虛明，洪纖可覽。有貞石捐勒，爲碁局對，以手談局之左右，可以偃仰詠于斯，觴于斯，賓從徒侶，各有攸處。出雲戶下視，北牖蒙溪，如指諸掌。戶外有二徑，其一直上至山頂，山之最高處也。桂江屬望，縈紆若帶，越嶺遐眺，點簇如黛，寸眸千里，周覽一息。構亭其上，以俟登臨。是歲孟秋月慶雲見於西方自卯及酉南北極望萬狀競變五色相鮮州吏請圖以獻之公允而不阻既而亭構因目之為卿雲亭自亭却下至南華洞口又一徑西去十餘步至白雀洞郡人有獲白雀來獻者雪毛霜羽赬觜紅趾且旌雀瑞因志洞名洞口隘狹側身稍通摩臍夾耳可以方之漸下十餘步其石有立石望之如人次有石堂光滑寬敞人或宴息可容數十從此更下

有玄潭其深莫測潭東西巖上有一石樓高低可二三尺自下而望如蘸點成樓南有二石相去纔數尺被服如人狀意若就樓而看者玄潭泓澄水色如墨見者神竦方暑生寒乃作閣道架潭躡息疾過西南遠于石穴中石穴路右復有乳柱亦如朝陽洞者視其周圍但微小爾愛其光潤則或逾之洞內有穴通嘉蓮洞初嘉蓮洞開而未得其號會有獻同心蓮者遂紀事而

名之從洞北出六十步西去有洞其深不測中路多白蝙蝠飛舞在空從東有穴棧閣盤廻却透玄潭之北有兩穴東穴透明長可數丈人不可過莫能究之西穴出于洞口洞内平坦石榻縱横湯茗在兹笙竽以閒有石琴薦寘以撫弦聲越金石自洞西去至夕陽出西山復入裏六洞之能事畢矣目諸水隱山下池溢曰蒙泉派合成流水源有二其一源自夕陽注嘉蓮經白

崔歷朝陽傍浸北牖出于南華流沚積為
池其一源自蒙泉溪源在北牖洞東北里餘
出于北山自山南流會于南華洞水合而
成池池因山麓不資人力高深向背繚繞
縈廻五六里間方舟蕩漾靡微風鏡清波
棹女唱榜人歌羽旗載依鳧鷺翔泳鱗介
是宅魚鼈險喁野花依藂遊絲轉空蘋末
風清荷底水紅萸者取亂者採与人同利
恨斯池之不大也招提之南長松夾路陰

濃閑日韻響含秋外有連理松異本同幹
内有偃盖松低枝覆空為寺之光華作山
之粉澤松側有竹篁緣盡岸策杖未窮步
履猶遠北牖洞口有閑田砥平南北十餘
步東西稱是可以施欄檻為戰酒之塲可
以搆簷楹為更衣之所乃作水閣立風廊
闢廚户列便房華而不逾儉而不偪面兹
池以滉漾對他山之青翠絲竹競藝賓僚
滿觴歌聲過雲舞影臨水取樂今日鄉心

暫忘客有中席而言曰夫時景賞樂四者
難備東西南北百年不閑既别而復會茲
山悵懷而未卜他日請執筆紀大賢獨得
之勝并立碣垂隱山六洞之由匪曰為文
且示来者

宋卦德亭銘有序　卦德之亭八觚括蒼
管湛營之長樂陳孔碩名之既而復銘之
曰

天地山澤雷風水火既畫既分有萬斯夥

萬殊一貫皆備于我八司厥位一常主中
若樞得環以應無窮流形相擅自我陶鎔
我坐斯亭洞然八極卷舒晦明一出入息
八者旁羅吾見其一

題名

治平元年仲冬十八日同魯國長源吳興
彥聖遊鴈門賀夫因題于洞之左崖
轉運使沈起提點刑獄章峴治平丁未仲冬
十有二日同遊隱山因訪武陵遺事遂題

于石

淳熙戊戌歲六月丙戌廖季能置酒約詹體仁張敬夫登千山觀泛舟西湖荷花雖未盛開水光清淨自足銷暑視北牖洞之前有勝地體仁欲為小亭名以招隱敬夫北歸有日不及觀斯亭之經始獨預書招隱二字以貽之

招隱亭中詹體仁約廖季能飲酒落之水光山色隱映萬狀畢陳於樽俎之間遂登

北牖洞捫崖剔蘚得唐刺史李渤寶曆間題名盖西湖最勝處也回視題扁与石間留字有懷張敬夫矯首飛鴻為之滿引并以所書招隱二大字鑱諸石云淳熙戊戌閏月下澣

招隱之勝冠絶桂林淳熙五年仲秋辛亥建安黄德琬廷瑞昭武龔揔會叟延平張士佺子真邯鄲劉秉晋伯莒國宋虞卿元凱瑯琊王文若謂之長沙李逵起宗閬中

禹寧祖奉先泛舟来遊鄭廷臣書

淳熙壬寅六月二十日四明王正己伯仁

夫携琴来遊

桐廬詹儀之以寒食休務約郡丞陳昭嗣

李晋師屬周環滕瑱唐廷堅葉子羲郡文

學陳邕蚕飯榕溪閣觀青帶甘棠橋歴覽

西湖六洞之勝時宿雨初霽風日融怡流

峙動植觸目會心分韻賦詩薄暮而返淳

熙十四年二月戊子

淳熙丁未七月下澣詹體仁王仲寅孫稽
仲覲稼城西小酌招隱亭〻盖體仁將漕
時所建俯仰十年感慨賦詩近暮乃還
北巖劉愈晞韓以孟冬初澣約建安雷霆
復之桂陽姚宋佐輔之禾川劉伯源慶長
金華徐由己克仁號畧楊芳懷英圮上邵
康年仲安長沙曾倫長卿安成彭世亨元
泰探勝湖上屬時久晴風景怡暢崇崖巨
壑萬狀畢陳泛澄升高窮所未到相羊周

覽改席精廬清興有餘盃行無算竟夕乃
還實淳熙丁未歲也
嘉泰元年秋七月二日温陵趙庚西叔徐
伯嵩高叟陳燁君顯陳次山景甫延平廖
視明甫李之有叔則鍾安老定叟三山王
復古興周黄士特仲誼莆陽傅誠至叔頎
禕韋叔葉元澤李成臨汀吴雄夢錫建安
劉學裘傳之同遊
經畧安撫使莆陽蔡戡定夫提點刑獄公

事延平廖環李碩轉運判官長沙吳獵德
夫嘉泰三年重九日同遊
計使括蒼管定夫帥守巨野李誠之後先
來桂且久未嘗一武西湖巖洞壬申初伏
始獲遊覽自資慶腰輿上千山觀憩西峯
中峯隱山煮茗談方外移時泛舟訪招隱
巖賞幽邃奇石森列湖光瀲灩雲錦帶映
誠可賞已而雷聲殷空雲頭俄興凉雨飄
灑四顧田野綠秧濯濯　下文皆闕

嘉定壬申六月下澣括蒼管湛携家登千
山觀泛西湖
方孚若侍親婁遊嘉定癸酉
荷花鏡香鼓棹觴吟依約杭湖白蘋如在
蒼崖玉立澄潭環馬枕漱其間又令人有
蓬瀛想贛曾原一旴周子榮汴趙希圓時
鏁洪范待輿淳祐十二夏五
招隱陽山三大篆書
隱山二大篆書

北牖洞三大篆書

招隱二真書

潛洞

虞山志云南潜洞在西湖中羅家山上北

潛洞中有石室石臺石果之屬

宋張維開潛洞記　乾道四年春正月淩

西湖秋七月開潛洞明年春二月疏鑿李

蹊二百六十步有畸可通畫鷁而洞山究

在水中矣疏鑿之力汲郡袁進平原聶倫

東明石良猶競率所部不日成之延平張
維識于洞濱之石同里曹總書
鮑同復西湖記　桂林西湖令經畧使徽
猷張公所復也舊曰蒙溪去城里餘而近
勝槩為一郡甲按唐吳武陵隱山記韋宗
卿六洞詩皆述溪潭可以方泳然歲久廢
為田尚可考者特一潭二池池有芰荷廣
不踰尋丈餘盡耕稼之壠矣初公遊山中
得二記按之以求後讀吳記至走方舟泛

畫鷁渺然有江湖趣則嘆曰嚮茲觀美可謂殺風景者矣遂已默記厥由居山之麓衆泉所會中偃而四穹茲蓋天成第流泉使之不得去則湖可坐而復乃相所從泄作斗門以閘之未幾水遂盈衍瀰漫若潭若池橫徑將數十畝望之蒼茫皎澈千峯影落霽色秋清景物輝煌轉眄若新然吳記以為溪而云作亭牖北夾溪潭之間韋記以為池而云北牖洞口有田砥平可施

欄檻以知昔時猶有淺陸水所不及之處
而今洪深之涯矣其中流平沙隆出波面
如島嶼因築亭其上命之曰瀛洲植卉藝
竹映帶遠近南閘招提西隱山為亭每遊
覽則憶家山因命之曰懷歸北依茂林俯
流為閣用老杜湖水林風之句命之曰湘
清放船集賢于是予在環山循趾引水疏
渠繚繞縈廻索奇討幽得新洞二命曰北
潛南潛又為亭于其陽直西命之曰望崑

是皆出乎六洞之外癸前人之遺逸增往牒之未載遂使西湖勝槩翛然如立塵褁之表江浙雖稱亦未能遠過焉

俟德亭記　嘉定甲戌中夏管定夫新作小亭于潛洞之口于是眏帶遠近洞以增邃初伏後一日期方孚若陳膚仲來觀叅坐洞中酌酒數行颯然秋也主人曰亭宜何名有客曰昌黎公以俟德名丘謂蔽于古而顯于今有俟德之道与此同意借以

名亭可乎咸曰然遂書諸石

題名

王壽卿姚同卿張子貞子斐黃德制田子
謇王儀之滕子正乾道己丑中元日遊

淳熙辛丑夏六月望天台王清叔叔約客于
西湖之上程伯莊徐商老張明仲劉傳朋
張子真李伯寅魏薰夫王詠之凡八人于
時背夏涉秋老火益壯縈舟叢薄少憩是
間觴行咲歌聲動巖谷夕景西下冷風襲

人殊不知有暑氣兹遊甚樂書以記時

潛洞二篆字

西山

風土記云延齡寺聖像在西山前近隱山舊號西慶林寺武宗廢毀宣宗再崇峯巒互張雲木交映為一府勝遊之所寺有古像徵于碑碣蓋盧舍那佛之所報身也

詩

唐戎昱桂州西山登高上陸大夫　登高

上山上高處更堪愁野菊他鄉酒蘆花滿
眼秋風烟連楚郡兄弟客荆州早晚朝天
去親隨定遠侯

宋折彦質超然亭　超然亭上鬢毛斑浩
蕩秋風小立間豈為詩情堪過海秖緣脚
力要尋山峭峯斷續天容鈌高疊縈紆地
勢慳回首不堪東北望桂林萬里是秦關

張栻和友人憂遊西山　故人疇昔隱西
峯野寺幽房一徑通無復老僧談舊事空

餘修竹滿清風夢中尋勝忘南北句裏論心豈異同我欲壁間題唱和他年留得咤南公

方信孺鑿池種白蓮作　池開新白徧天涯未許東風擅一家蒼桂叢中蒼桂樹碧蓮峯裏碧蓮花波光分破湖千頃　影斜飛水一窪待著闌干橫淺淥浮萍開處見魚蝦

又詠海棠　真珠幾顆最深紅點綴偏芳

造化工好事何年移蜀種羡人清曉出吳
宮妖嬈能得幾時賞零落纔消一夜風自
有生香人不識繡衾全覆錦薰籠
曾宏正　足倦尚躋攀南来第一山撐空
列峀筆拂閣聲孱顏莫作炎山看渾疑鴈
蕩間輸他癡衲子終老白雲關
臨江曾宏正淳祐癸卯暮春題崖
李曾伯　玉筍環星拱青螺帶霧披山為
天下勝境占嶺南奇援筆難窮者凭闌盡

目之不因無世累築室在於斯

又　昔我登峯頂誅將荆棘披路從林外入洞向水中奇　餘闕

河内李曾伯庚戌端月二日題

文

方信孺碧桂山林銘　桂府稍西五里吞蒙溪吐陽江是為西湖魚峯隱山拱揖大凡遊觀之勝俱歛避下風右魚峯一有古精藍　最勝處豐林靈泉層巖

沸水石之奇〻怪怪如虎豹之仰伏鳳鸞
之翔集不可以名紀枚計又有如臺榭者
斬然頮精藍而中立紫帽山人幽尋樂之
意終老亟朘俸羸偕丹霞子小築其上
有堂有輿爰居爰處且面勢端豁与千山
觀相襟帶目力所加山川城郭毫髮不能
遁前所謂最勝處今皆居掌握中孚若稽
圖牒此州在唐貞觀間文石薦瑞曰聖主
大吉子孫五千歲太宗詔李靖有碧桂之

林蒼梧之野觀此瑞文如符所兆之語即
以碧桂山林名之山人倦于遊盖將遯世
願奉母慈持妻子遂与隱者淪朝夕于此
山中庶幾再遇瑞石以獻之　明天子顧
不休哉於乎陵遷谷化今昔一　為湖為
田等歸　千載悠〻可以圖山林于茲澂
舍乃為銘曰碧桂之東有斗其峯有金其
墉氣佳哉鬱葱碧桂之西峰房嶬嵠尔巒
尔夷化劍刀鉏犂碧桂之南大海天涵維

崖維僧一王仁是單碧桂之北萬仞壁立
不騫不泐聖人壽与匹其中盤〻我居之
安有泉水可汲有烟霞可餐援素琴而彈
流水高山知音孔艱吾与子俱還　嘉定
八年正月朔紫帽山人方信孺述丹霞子
張自明立石
方信孺既自銘其碧桂山林又為張自明
作碧瑤壇銘并序　紫帽山人既作碧桂
山林丹霞子　其絕頂以為碧瑤壇扶

奇

秘于斯紫帽山人爲之銘曰碧桂之

阿　嵳峩有方者壇仍此坡陁如踞虎

豹如駕黿鼉或坐而奕或倚而哦布席而

飲植杖而歌上天星辰大地山河伊俯仰

間可蹴可摩安期羨門騎氣相過咲傲今

古等一剎那忽來不速款我松蘿彼何人

斯山靈所呵

題名

假守張莊禱雨茲山　大觀　年

月　日

轉運副使權經畧安撫陳仲冝道夫提點刑獄唐最夢傳提舉常平陳中復從道夫馬承受陳昉明遠同遊西山飲于觀音院登西峯閣啜茶盤桓抵暮而歸政和改元仲冬癸亥轉運判官唐懋晋德題

莆田李子凝紹熙五年嘗陪漕運方公東遊巖竇而泛湖山来一寓目後餘二十年東閣檢詳軺車游至因簷後壓千山爽氣

且復挹致　裴東歸焉嘉定甲戌重
九日書
河内李曾伯長孺領客胡實端甫李廷龍
東甫管安昌順甫周應和同甫同來弟孝
仕教忠子杓侄根侍淳祐庚戌四月之十
日
咸淳甲戌四月初六日憲倉九華章時癸
師守同谷李興滕東遊西湖登千山觀憩
雲户洞矚望幽尋景趣兩得　此下文闕

千山觀三大字　嘉定五年李曾伯書

灘山人曰復湖之事殆難言哉田既負郭又便引水公賦所入已有定額興大役以市衆怨不免移此攤彼償所損賦其山雖潤其民則穎所謂玩細娛而不圖大患者得無近之耶于李公時為沮洳萑葦之區穿泉築室植菱芰于其中且荅民勞兼暢羇思時哉時哉南宋斯季神州化為異域厲馬牧於江壖茲何時也洒新亭之淚猶

以為恥況可慕錢塘之湖窮財力于此哉臣主同樂鮮有競志尤之效矣亂何濟乎及至咸淳甲戌宋曆告訖近在兩歲無問愚智户知其然乃章時發李興龍隱紀遊則曰時和歲豊与堯民共擊壤于西湖登千山懇雲户又曰曠望幽尋景趣兩得何其酣昏若此甚也衝梯未及桂輿先委城而遁馬公塈義激代之死守不國之憂而禍是樂其罪烏可數哉善乎蟋蟀之詩曰

今我不樂日月其除言行樂貴及時也又曰無已大康職思其居言好樂當無荒也余竊誦是以爲議復湖者規焉

桂勝第十二卷

中隱山

山去西城四五里至則小溪淺碧可踐而過循麓入巖〻有三重其下附地者最為廣平上漸束削然截嶺純石瑩然清朗淨無復下方埃壒之狀陟第三重倚牖而望若遊目天表暝烟歸鳥似從下飛俠山返照入巖轉光風自西来薄巖拂樹与東麓僧庵鐘磬相和炊烟縷〻起叢薄間遥聞

餘響微似犬吠僧云此去木林不遠木林即其旁地名居人頗衆中隱一作鍾隱土人曰佛子巖以宋乾道間建有福緣寺為僧祖華所居故名之寺廢已久惟東小菴其地陋院不足騁目乃三巖下鐫有張公洞三大篆書又其先有稱呂公巖各具尔時所為序記中之呂之張不知誰屬乃中隱則其昔名焉

虞衡志云佛子巖亦名鍾隱巖去城十里

號最遠一山峯起莽蒼中山腰有上中下
三洞最廣中洞明敞高百許丈上洞差窄
一小寺就洞中結架因石屋為堂室

詩

宋呂愿中　護田緑水轉山樊滴翠羣峯
列巨杉洞外僧藍侵斗漢澗邊人跡隔仙
凡深〻雲谷春常在寂〻松扉夜不緘此
處得名爰自我要須題作呂公巖
假守呂叔恭遊中隱巖無名洞坐客鄙

陽朱國輔云此洞未有名因公而題欲名曰呂公巖予未敢披襟而劉子思陳朝彥皆曰甚當戲書五十六字鑱于石壁間紹興甲戌季春七日

又

坎止流行但信緣嶠南風景異山川
偶因乘興穿山腹始悟壺中別有天

假守睢陽呂愿中叔恭機宜祥符劉襄子思通守鄱陽朱良弼國轉輔經屬建安陳廷傑朝彥因祈晴設伊蒲塞饌於西

山寺飯已乘興遊中隱巖不期而集嘆
巖竇之奇恍然別是一山川留題以記
勝遊叔恭之子大鈞侍紹興甲戌季春
七日

張維題張公洞　年來行樂与民同探穴
追踪太史公幽洞初開色易著蒼崖新刻
可難工風驅俗駕松扉外雲鎖仙丹石室
中付与山僧司管鑰勿教勝地草蒙茙
文

宋張維張公洞記

環桂之郊巖室洞二十有一，皆人跡所至者。獨佛巖之下有洞焉，虛明而邃幽，過之者弗顧。豈遊人慕佛巖而來，窮其足力，興盡則汲汲而去，雖欲一顧有所不暇耶？抑視之如苦李，以為不足嗜耶？乾道元年，予承乏按刑，嘗同張使君紫薇公幽尋得之，相語曰：斯洞蔽于今日，吾人始發，盍亭于洞前，俾來遊者指為張公洞，可乎？明年，使君去，予實繼之。又明年

治中從事因人心之去思也于是大書以表之十二月乙卯延平張維記同里曹揔書

題名

元豐二年八月十八日劉宜文曾公晃苗永孺僧紹簡遊

括蒼管定夫莆陽方孚若長樂陳膚仲嘉定癸酉先重陽一日来遊

詩境癸酉三月三日遊

詩境即方孚若

之别號

蕭子敬向伯大王德强呂叔舉鍾德元張

聖泳鍾長卿王必大端平丙申下元前二

日来遊

長沙鍾春伯豫章范旂叟端平丙申歲十

月既望前三日同遊

臨川羅愚淳祐辛丑中伏日約曹伯虎聶

世用梁价魏牧楊義仲趙時頌陳噲汪知

幾翁崇槶觀稼西郊至呂公巖泛舟覽湖

山之勝觀石湖南軒諸賢題字時雨初霽
凉風先秋禱事可期因志其喜
陳鐸叔振周子榮景仁范得輿民載趙孟
遹君啓淳祐辛亥前立春二日同遊

巖百篆書張公洞三字

灘山人曰余觀福緣寺記見三四先政丹
青重巖藻黼衆壑不遺餘力矣其畧曰府
判汪公新興精宇經畧户部呂公建三門
齋廳大帥紫薇張公敘山亭于巖右經畧

徽歙張公植壽松五百餘本以蔭巖居諸所增飾一何盛也之數公者豈直徼福于浮屠氏哉無亦以虛巖沓出麗若重樓近桂四野可俯而窺為西郊登眺之最其時山僧若祖華之屬頗任住持即是記撰者日登書者惠通雖于文義不甚嫻雅然差愈後來目不識書口不持誦彼教所謂白蹋者士大夫庸奴遇之尔誰其任以住山哉往見廬山紀事江都桑君喬以其名剎

多慨諸僧不追先軌致勝地因之榛莽吁
豈獨廬阜為然哉余于吾桂諸山亦云

桂勝第十三卷

清秀山

從西清門下濠石道上西阜入夾山口緣山行一里許有塘曰清巖出其上初名新後仍塘名曰清最後加以秀云環桂諸山本以孤峭標秀而是山則岡連隴湊盤紆茀欝長可一里餘獨以巖門下瞰塘水山澤通氣清彩映發如其名焉一入巖門則有兩巖東西對闢上出山半其迴朗亦適

相敵北郭諸山近在東牖可招而至其西則陽江北来倚巖可望批崖越壑其流汩急過下庄居者前水波寛緩山漸深土漸衍似村塢可居者然去是山不甚遠向南行三四里出夾山潛洞隱山蹲踞其口順行山中見衆山環合江出其裏受其邃麗以為近郭希有且幸秋霽一得縱目世顧莫之問然亦以山隔在西北一隅不惟遊者少所命篤即舉名亦罔識所在矣

詩

宋張莊　山甫遍歸有詔期省耕聊復
耀幢麾翠岑恰似千旗落綠野何妨萬馬
馳鵬鶚精神元老貴鼎彝功業太平時自
惟晚進誠天幸偶附台躔每處隨
龍圖閣直學士經畧王公若愚與提點
刑獄劉子至提舉學士唐夢傳大張旌
旆觀稼近郊烹今歲建芽于此遂過傲
雲諸閣大觀元年五月十六日權發遣

轉運副使公事張莊正民題

呂愿中　奭愷盧明小洞天巉巖垂乳類
鋒銛薰風習〻来三面夏雨蕭〻欠一檐
指顧羣山勞應接裵徊歸騎縱觀瞻門前
綠水泓澄淨底處應須是谷簾

郡守呂叔恭以甲戌季春七日遊中隱
巖山水膏肓之興未已後兩日再拉機
宜劉子思監州朱國輔經屬陳朝彦同
至新洞所見愈奇真所謂倒飡甘蔗卿

書五十六字

方信孺　尋徧洞天三十六蒼霧獨閟此
巖扉旋除野草開新逕遮莫寒藤刺客衣
歲月偶同題壁字烟霞似不放人歸把節
欲作開山主已落瞿雲第二機
嘉定甲戌六月六日始遊清秀巖呂叔
恭得此巖亦甲戌歲刻石猶可攷莆田
方信孺孚若
張自明　甲子循環各一時又逢青犬護

巖扉金墉城鎖瑶池苑蒼玉樓鋪錦地衣
萬里西風生木末數聲湘竹叫雲歸明朝
天上秋期近問訊河邊織女機
嘉定甲戌歲立秋前二日盱江張自明
誠子来遊奉次詩境詩翁扉字韻黄冠
鄒次洪方袍清一同来

文

唐鐸開巖小記　桂林多勝致其廢于榛
棘者十八九斯洞以遠尤不獲葺呂公一

賞居民争出力以新之楼閣巋然不日而就幽奇雋發應接不暇驟改觀于遊人殆非偶然之遇也靖康改元七月朔臨桂令唐鐸謹書

題名

杜唐臣張通夫王誠中張通甫董君佐徑稽聖程聖欽元符三年八月旦同遊

欲騎日月超然之韻端臣獨題

公輔公咨大觀庚寅清明前六日遊男叔

侍
明叔仲明仁仲子源靖康改元五月中休
同遊是歲初冬九日明叔仲明子源同普
鄉再来時仁仲以母憂歸鄉
衡陽太守裴夢貺祖塗前一日魏彥濟陳
景淵同遊自新洞過龍隱酌八桂堂徧覽
勝槩為贐甲寅二月十有二日
張仲欽郭道深張安國同遊朱元順清巖
丙戌季夏

清秀巖三大字真書旁小書士美二字
灕山人曰巖居蓋有朱元順云是時張安
國帥桂年壯氣盛少所屈意乃紆騶入谷
親与其客造朱所棲至勒之石豈桂之輩
遯之士朱獨高舉希慕遺風安國遂從而
禮異之于以風部內予了達之牒乃判府
汪公聖錫所給且稱了達有苦行巖刻具
在然君子来遊獨于元順多追嘆之非過
張紫微誰將千旄在西之郊下從幽人遊

哉厥後辰山有劉升之氏蓋聞是風而興起者惜朱無所有可表見後世觀唐令開巖記所指呂公本呂源當請康之年方乃謂呂叔恭以甲戌得之豈其未見唐記哉叔恭大節殊無足觀方于時號為砥礪名行者不為是山移文追數而反引之以為己榮或呂既隔世而公議遂暫弭未可知也不然以方矯矯而慕彼碌碌生平自許何如哉余于是竊有異焉

桂勝第十四卷

虞山

出自北城山起東隅灕水漾其左黄潭縈其後下有洞曰韶音入洞面潭水石清漪其地一名曰皇澤灣洞南平原舜祠在焉前則古松數十株樛枝密葉交撑互擁圓若軒蓋長若旌幢彷彿有駕蒼虬翼翠鳳遠巡南表之狀于後則重巘上盤平障倒列又若負扆南嚮黄潭本灕小支疑即宋

王祖道相城之北穿為長池引灕灌注用作癸水范方繼踵鳩工增繕或為渠或為閘名曰朝宗使東接灕江西達隱山之湖其曰癸水以方隅所直故云山左側臨灕處枕麓特高上有亭曰南薰倚檻東睇堯山積翠与波瀲淡倏有風至前掠松林後憂潭壑鳥鳴其間諸響迭臻笙鏞璆石如奏有韶于是山之下不但延眺稱秀曠也已

風土記云舜祠在虞山之下有澄潭號黃潭古老相承言舜南巡曾遊此潭今每遇歲旱張旗震鼓請雨多應

詩

唐宋之問桂州黃潭舜祠　虞世巡百越相傳葬九疑精靈遊此地祠樹日光輝禋祭忽羣望丹青圖二妃神来獸率舞仙去鳳還飛日暝山氣落江空潭靄微帝鄉三萬里乘彼白雲歸

宋朱晞顔　曾按薰絃天一方掃除民愠
變清涼遺音凛〻猶聞耳不獨當年味可
忘
方信獨　西風攪桂樹落日明楓林游子
懷歸期予悲渺登臨虞山一何高湘水一
何深英皇僅枯冢寂寞薰兮琴我欲奏古
曲俗耳更洼淫古器不可見聊作相思吟
相思長相思相思無古今一歌衆鳥聽再
歌萬籟音推手君勿歌有酒且孤斟落〻

此時意寥寥千載心五絃毋庸絶四海誰
知音

文

唐張九齡祭舜廟文　維某月朔日中散大夫使持節都督桂州諸軍事守桂州刺史兼當管經畧使嶺南道按察使攝御史中丞借紫金魚袋上柱國曲江縣開國男張九齡敢昭告于大舜之靈惟神以大孝而崇德以大聖而奮庸以至公而有天下

以至均而一海内故不以荒服之外不以黄屋之尊巡守而来殂落于此勤倦之造永結于黎庶恵懷之尊長存于壽宮載祀雖遐威靈如在今聖朝紹興至道懋茲遠人爰遣使臣按理邊俗惟神幽鑒顧表微誠若私僻為謀公忠有替明鑒是殛俾無遠圖如悉心在公惟力是視當福而不福為善者懼矣今至止之日輙詣陳誠伏惟神道聰明亮斯欽到顧俯垂冥祐俾輸力

明時尚饗

韓雲卿記　帝舜有虞氏南巡狩崩于蒼梧之野南人懷思立祠禱祭歷夏殷周秦距予有國凡更十姓享奠不替大曆十一年皇族隴西縣尹兼御史中丞昌夔領桂林象郡之地虔祇統命肅恭神祀以祠宇墮圮狹隘朽陋不足延降神靈遂謀於州佐縣尹因以俸錢增新易故崇垣峻宇肅屏廡戶有輪有度堊繕既成以時昭享瞻

覲門屏跽履增闉饒業恂懼肅然無不加敬牲牷既設巫祝斯列齋莊蠲潔慤然如享其誠蕭鼓既歇俎豆斯徹神人和悅僾然如受其福是歲寇賊殲平年穀豐稔五嶺之人陰受帝祉官屬長老願刊琢表識以彰懿烈其辭曰惟虞禪夏〻德斯淪更殷歷周以及嬴秦帝號再尊帝道莫宣祀典空存記禮無聞於穆皇家踵美虞唐獨生淳儉後嗣其昌明〻大軍祐祐俾躬穆

穆宗臣祗業肅恭廣廈增飾展禮竭忠人
神胥會風雨晦蒙三千年間禮幣贄通西
原寇平南訟有年祀事報功皇靈降臻佗
佗武夫我戰自剋爰爰農耜我勤乃獲日
用遊焉悉知帝力天人同休心存影會誠
感昭通屑易窒碍刊石播美垂億千載
趙觀文祭器碑記　皇帝御宇大順壬子
季冬十二月故府司空潁川陳州公自桂州
觀察使曆制命建静江軍號仍降龍節明

年春二月准勅有事于堯舜二祠禮畢頋謂府長史朱韞曰吾軍旅之事則嘗聞之俎豆之事未之學也子嘗知書好古試詳此禮得合於經乎韞惕然而對曰韞歷走下僚安敢輙議祀典公諭之曰古有綿蕞定大禮者皆草茅之士爾今為上佐〻于郡政何譲而不言韞辭不獲已而對曰嘗見開元禮有祠古帝王之制今請求知禮者共為刪定竊帝舜南巡標乎古典惟茲

法物豈可不周由是命有司撰三獻官冠
衣劍佩三十有九贊引禮生衣幘一十有
六籩豆簠簋洗罇爵幡鼓七十有七儀品
斯畢具奏表以聞帝曰俞哉褒稱綸言不載
於此今僕射彭　同兩使可繼巨屏守簡
子至言者九同關西不惑者三進念前功
若已有之以觀文明廷擢第故里遠歸有
陳蕃下榻之知有智伯國士之遇有魯肅
指囷之意有平仲脫驂之識授書詰旦猥

屬斯文觀文謬以二雅得名實未造軻雄
之旨克讓未果是敢直書庶幾正教傳乎
不朽作頌曰大哉堯舜真風不弭以聖禪
聖不子其子舉賢登庸授凶禦魅化匪逆
人躔亭綦曦大功漸著南巡脫屣九疑雨
沉蒼梧雲起偉与玄蹤遺于桂水蒼生思
之牢醴千祀俎豆禮缺元侯克備發揮古
典駢羅雅器三獻得宜儀雍容劍履教人為
臣可達深旨翠巘稽天紅輪出地得君皐

陶千古意氣中興有帝無令伊恥

宋朱熹舜祠記　静江府有虞帝祠在城東北五里而近虞山之下皇澤之灣蓋莫計其始所自立而有虞氏巍像在焉有宋淳熙二年春今直秘閣張栻始行府事奉奠進謁仰視棟宇傾墊弗支圖像錯陳遝以淫厲則竦然曰帝德在人其神在天威靈所知無有遠邇降祠兹土粤有故常而因陋踵訛以至于此弗圖弗革栻則懼焉

已事則命撤而新之時又方按國典毀諸所祀不法者因悉致其美材文石以奉茲役作治踰時訖事以告門觀顯嚴龐雜遝屏外朝內寢帝及二妃之神恭已南面儼然臨之秋七月癸未侯率其屬奉承牢醴俯伏灌薦以享皇靈三獻成禮神人浹和民吏駿奔咏嘆興起合辭懇請願著名章俾來之辭以昭無極熹竊惟帝之所以配天立極法施無窮者既非文字形容所及

而傳記所稱南巡不返遂葬蒼梧者又非
經言無所考證則皆罔敢知惟是天理人
倫之際帝之所以垂教後世者蓋嘗與侯
講而志之于侯之意庶幾識其所以然者
乃敬篆而題之俾刻焉其詩曰虞山之上
灕水之滸旌修虞祀九歌韶舞有美張侯
牧此南州懷帝之人咨其祐休再瞻祠宇
頹剥支柱明靈弗蠲淫儆騈伍乃敦綱紀
乃更乃攻乃堂乃基峻宇崇墉帝降不遲

四門穆〻侯樂其成来饋来祀惟帝之則規圓矩方即物而明大倫以光爰自側微動植潛至恭己當天雲行雨施惠于来世億萬斯年窮天博地峙嶽流川矧是南方舊惟聲教歘然見之興起則効子隆于孝臣力其忠侯拜稽首惟帝之功

張栻韶音洞記　由虞祠之後不十步至虞山下有石門可窺入其中則虛明以長仰而視之石去人僅尺許色清潤可愛瞰

其旁蹲踞蜿蜒如虎豹龍蛇者皆是也行其中十步餘望北牖清江横于前下臨深淵所謂皇澤灣也始栻既新帝之祠得新安朱熹為之記命工人度山之崖磨而鐫之偶發石而得斯洞鑿其下石之齧足者剪其北林薄之翳目者而地之勝有若天成焉名之曰韶音洞蓋淳熙三年秋也洞之深凡十有三丈廣二丈有奇牖之外少西有地隆然而高為臺可釣明年秋又于

洞之左得小丘平曠爽塏江出于旁凡桂之山瑰奇傑出者悉獻其狀作亭于上名之曰南薰之亭于是祠之前後皆有覽觀之美来拜祠下者已事而退又得以從容而遊息焉嗟呼有虞氏之德其盛蔑以加矣盖君臣父子兄弟夫婦之彝性孰不具是哉帝之所以為盛德亦盡吾心之所同然者爾是則帝之澤流洽于人心固將与天命並行而不可泯夫何有今古之間哉

後人徘徊于斯地遐想簫韶之音詠歌南風之詩鼓舞而忘歸也其亦庶幾有以興起乎遂書于石四月十月戊子廣漢張栻記

題名

淳熙乙巳九月二十有九日大閱前一夕雨會朝開霽旗幟明人馬盛弩力勁皆新創也士練有素各以技逞實一時壯觀桐廬詹體仁以明日招三山熊景瞻林德隅

出郊歷韶音洞登釣臺天氣增爽言宴清
適儘可人意屬景瞻有移節江東之命舉
酒相屬又使人不能無悵然
灘山人曰談舜事者當據虞典其云陟方
以死未指何方且蒼梧之名二典咸曠即
如南巡狩至于南嶽亦罔識上古所謂南
嶽者安在至漢武帝周行天下所祭南嶽
寔維灊霍舜德雖大其如三苗以南雜徧
巡何葢壤隔種異鳥言獸心各自為域不

樂內屬者聖人必不招徠之況肯輕御六飛逺越重阻而畢命南荒哉典無明文故弗之信大氐孔氏所刪皆繆悠之說史記不深考相徇云然後世識其輕信亦一事也楚風好巫至婆娑舞二妃屈平陳其辭漢人踵其故度湘以南寧用二妃事又謂蒼梧山帝舜葬于陽丹朱葬于陰或又謂二妃葬衡山乃唐莫氏風土記云雙女塚在府城北十里俗傳舜妃尋帝葬于此不

懼非聖昌恥誑俗故不以録噫斯固難為
淺見寡聞者道也

桂勝第十五卷

堯山　辰山　穿山　琴潭山　望夫山附

山雖界在靈川去桂城東北裁十里積土盤廻亦畧帶石長竟数百里高亦為桂諸山之冠陰雨將至先有白雲起其中冥濛漸合飄灑隨及山道多松從松間上山亦有盤石參差橫道望見兩掖皆有石巖在其下道詰曲處土人云靈官頭上有平田曰天子因堯以名後記曰天賜其最高處

曰白鹿禪師故菴地按漢書始安侯國其下注引始安郡記曰東有駮樂山遼山豈遼訛為堯白鹿即駮樂皆以其聲相近故耶有堯廟在山下平地山無石壁可以鐫題故少采録自廟而西七八里有辰山自辰山踰七里龍隱而南有穿山渡灕西行稍遠有琴潭山北城之外望夫山堇堇有宋人二三刻或止得其一難自成卷故附見焉

風土記云堯山在府之東北隔大江與舜祠相望遂名堯山有山廟絕靈四時公私饗奠不絕北接湖山連亘千餘里天將降雨則雲霧四起逡巡風雨立至每歲農耕候雨輒以堯山雲卜期

詩

唐軒轅彌明謁堯帝廟　祖龍開國盡避

荒廟建唐堯鎮此邦山卷白雲朝帝座林踈紅日列仙幢巍巍聖蹟陵崧嶠蕩蕩恩

波洽桂江瞻仰威靈共回首紫霞深處鎖
軒窻

宋張栻謁廟詞　溪交流兮谷幽山作屏兮層丘木偃蹇兮枝相樛皇胡為兮于此留鸞冠佩兮充庭潔芳馨兮再陳純衣兮在御東風吹兮物為春皇之仁兮其天四時序兮何言出門兮四顧渺宇宙兮茫然

辰山

城北東渡三四里即山所在土人名曰虎

山中巖重起畧似中隱宋有士人劉晞升之家其下桂帥李大異嘉晞有隱操以蟄龍擬之因用名其巖其詳具晞子劉居顯所鑱諸詩中然詩及序半滅不能録矣舊志云山有三巖下巖初入昏黑行十餘步乃明豁有石室穹然坐三十餘客巖扉西向下瞰平野山川城郭瞭然在目自巖扉左登陟磴百餘級至中巖乳石奇怪可駭可愕又由閣道至上巖巖之巔有小亭

放目天際冥濛杳靄不可窮極嘉泰初士人劉升之始出此巖于荒茀中游者驚詫以為桂林諸山之冠經畧李大異謂久晦弗彰疑為神物所居名曰蟄龍巖

詩

宋唐稱敬和經畧直閣寺丞丈贈劉升之蟄巖之作二首

古人事業不關書聖處工夫詠舞雩窈窕巖居辱題品南陽端有卧龍無

倚天寒碧鎖嵌空，咫尺丹霄有路通。莫向
明時縮頭角，風雲只在笑談中。
胡槻和前韻二首，今存其一　東望堯山
西舜宮，山人名姓不求通。盤巖側畔遶廬
子，即是巢由住箇中。　嘉定庚辰十月
書于綬帶堂
又　歐陽味異寄示頃年所和簡寄玉壯
丹詩，悲愴之餘，復用元韻詩二首，今存其
一

寄友朋交無半在宦情吟興亦俱闌不堪
撫卷重回首悲嘆填胸硬鬱盤
詩後序云　慶元己未余為桂林治中壽
主簿臨桂簿是時同寮士友劉正之饒述
古劉升之蔣子立陳方大趙季行劉清卿
及三數君子皆一時秀士往來甚密蔣子
立嘗學詩曾裘甫劉升之為諸生日呂愿
中帥桂招見任寄居士人喻以秦城有王
氣俾各賦詩以諂老檜劉獨不賦其家依

辰山巖洞奇秀尤登臨佳處暇日余多率諸君過之必從容竟日今十有八年矣諸君多為古人追思曩昔遊宴之好為之心折因并書之庶幾諸賢子孫或見此卷尚能記父友也嘉定丙子書于金陵總餉景蕭堂

又槻于詩序後跋數十字云　槻被命帥桂行次清湘升之之子子陽陽帥其子士華来逆談間及之子陽欲得録本因書以遺

之嘉定庚辰十月
劉居顯鑱前詩与序跋于巖壁仍自為記
其畧曰
辰山峙結託千百年莫或異顧大諫李先
生貽扁鑿巖而重以詩是山之譽藉〻矣
先君以為是固無意斯世者所宜鑿也盖
嘗從南軒張先生游講聞義利之辨有日
宜郡以褎然計偕舉竟尼莫前其介如之
素若此荐歷二紀居顯政惟先志行涉燕

泯是懼無何天眷南顧命先生重鎮舊治公餘首撿較昔游慨彼往事如夢之嘆所以惠顧迺復跡前孔祠一日以其和大諫李公韻并總餉金陵懷舊十篇寵遺居顯薰沐詑諷其感槩詞氣爛溢毫楮且揭巢許高躅儔先君九原有知敢冐是畀予雖然士君子出處未嘗不相表裏皐稷謨謀則箕穎肥遯宜也堯舜君民事業有先生以身之則洗耳高卧先君其奚辭噫古人

生死交情反復手間而先生不間存没所為感奮飛躍何如耶巖石增輝草木吐氣潛德幽光真不朽矣世謂盤谷以愿顯安知以昌黎之序顯山陰塵迹後人何酷掛諸牙頰毋亦右軍一記難磨与欲刻之石崖使来者悉先君之隆遇其知斯巖始終隱顯有自来矣歲值閼逢涒灘是月也重光協洽之既望契家侄劉居顯拜手謹書

題名

趙忔道翁子東李叔逵余仲庸鍾定叟嘉
泰甲子月夕前七日來遊

穿山

浮舟灕水南下鬬鷄山其東水口即彈丸
溪來合灕處上有山竦身昂首若與西岸
鬬鷄山作鬬狀山半有穴南北横貫故以
穿名或題曰空明宋胡槻曰月巖

詩

宋無名氏　石磴嶔嶔幾許層坐來心迹

自雙清不知泯沌何年鑿便有嬋娟一鏡明周穆馬蹄何寂寞謝公屐齒欠安平飄然欲御長風去冉〻煙雲脚下生

其後題云廬陵胡仲威伯圓約張維翰和甫陳次賈倪俊孺来遊嘉定五年月　日雖有此題莫定誰作故但曰無名氏

趙師恕　賸此巖壑勝領客共登臨危棧臨不測巇崖歷嶔嶔俯仰極高低上下窮

幽深来登空明山千崖正沉〻下瞰青羅
江古木鬱蕭森清風萬里来層雲盪孤襟
有客可共賦有酒可自斟此景豈易得此
樂豈易尋吾生今老矣遁迹歸窮岑一棹
下瀟湘此别意難任别後無相忘詩成寄
郵音

此詩前四句菩乳所加不復可
辨後有所題恐亦非全文姑録其可見
者曰端平丙申七月長樂趙師恕不
以將受代勝此巖壑之勝僚佐之賢上

澣日邀慶元劉椿壽卿莆陽王太冲元
遂
空明山三大篆字
月巖二大字嘉定五年胡伯圖書

琴潭山
其山在西郊關外下有空洞洞有流水觸
石成響如聞雅弄故以琴潭名旁有荔枝
巖窅然深秀乳凝多奇狀亦佳境也

題名

方孚若再至桂林歷窮勝踐最後始得清秀玉乳荔枝琴潭四巖而琴潭水石又諸巖之冠冕且川原平衍羣峯環抱愛之幾不能去安得此為菟裘地耶嘉定甲戌七月二十日同来李子凝張玉父林時可子左廷左車侍

望夫山

山去北城外不遠刻有宋餞別姓氏或曰在望夫之旁明月山洞亦以明月名或又

曰劉安一作留菴姑兩存之

題名

廬陵劉彥登允升通判靜江秩滿還朝以
紹興己巳二月六日啓塗連帥桐廬方公
載酒酌別于城北郵亭翌日又命僚佐作
餞爲終日〔之〕樂集會者十有四人清湘唐時
逢堯莆田戴緯對甫臨川劉振時舉邵陽
董辯審言汴陽鄧建義成真定賈傑次之
夷門王邦翰憲卿番陽汪恪端中維陽李

津元昳程佑之申夫陸庚　豫章黄拱
辰贊甫建安胡賓正虛同安朱彥德繼善
灘山人曰桂諸山堯特以高廣稱其他則
洞穴窐邃或納行雲或枕流水可備潛夫
之卜然負策郊行往〻而是其名難以徧
舉故于今志所主在有金石刻〻主唐宋
以世代寖遠姓名易滅故多方訪錄非獨
以補文獻之闕亦以成前列立名之意不
然何山不巖何巖不佳奚直取此十數山

為耶乃余最好述潛夫事無可據以當實録者惟辰山劉升之有李公大異表其巖扉有胡公槻光以詩序有子居顯其刻巖石此豈不足徵哉即所刻漫漶過半矣猶然掇拾不少汰棄畱以其詩文爾雅予高士獨善之風當塗旌賢之典執友篤故之誼孝子揚先之心一舉而四善集焉故謹志之將以屬世又非槧刻之取已也夫用之則行舍之則藏々可必也而行為難

能藏則不喪吾寶若劉升之氏邪伯契合則欣然与之遊至誘以媢竈詩獨引却不應亦近乎知藏者余故假以終諸山云

桂勝第十六卷

灕江　陽江　南溪　彈丸溪　訾家洲

朝宗渠附

桂川曰灕与湘同源出興安陽海山至縣之北釃為二流灕則經靈渠南出繚繞桂城東北城之西南帶以陽江從灕山下入于灕水波寛廣為桂金湯之固岸旁數山或扼其衝或遮其去故間有亂石及沙潭處清淺為灘湛碧為潭餘雖深至一二丈

其下石雜五色草蕪諸種所有游魚羣嬉水面間沒葉底停橈少選種狀可盡别以此水最清洞澈無翳飛雲過鳥景不能遁南中人士自祓禊之外良辰吉日浮舟宴集乃其故俗觀宋之問三月三日詩自唐為然矣至宋諸公或有乘月汎遊播之歌詠良以清景娛人且無風濤之惡故也諸樓亭堂館並水為勝其詩及文隨各水後附焉

桑欽水經云灕水亦出陽海山

酈道元水經注云灕水与湘水出一山而分源也湘灕之間陸地廣百餘步謂之始安嶠〻即越城嶠也嶠水自嶠之陽南流注灕名曰始安水故庾仲初之賦揚都云判五嶺而分流漢書所謂出零陵下灕水者也

詩

唐宋之間桂州三月三日其篇末云

始安繁華舊風俗帳飲傾城沸江曲主人絲管清且悲客子肝腸斷還續荔浦衡皋萬里餘洛陽音信絕能疎故園今日應愁思曲水何能更祓除作伴誰憐合浦葉思歸豈食桂江魚不求漢使金囊贈願得佳人錦字書

張九齡巡按自灕水南行

理棹雖云遠飲水寧有惜況乃佳山川怡然傲潭石奇峯岌前轉茂樹隈中積猿鳥聲自呼風泉

氣相激目因說容逆心与清暉滌紛吾謬
執簡行郡將移檄即事聊獨歡素懷豈兼
適悠〻詠靡盬庶以窮日夕
宋李昇之夜遊灘江上　灘山開遍四時
花遊覽都忘倦盡賒風景雖宜秋向老闌
山無奈客思家漏傳樓上三通鼓水落灘
頭幾尺沙京國未歸鄉信斷陣鴻何處貼
雲斜
章峴和　自笑無錢對菊花天寒欲冷慢

今賒桄榔葉暗臨江圃茉莉香來釀酒家月霧空濛螢照水霜風蕭瑟鷺眠沙歸尋獨秀山前路城角參橫斗柄斜

灕經城東樓冠其上唐曰東樓

文

唐于邵九日陪廉使盧端公宴東樓序

國家以桂林重鎮吳越襟帶有郡縣可以綱紀有蠻夷可以羈縻朔南聲教蓋以此始皇上纘承大位之明年啓謨群后載命

連率是以范陽盧公自京而来條察二十八州諸軍事千里之地遂無外虞三軍之士皆務前敵然後賞必勞罰必害官不易法府無留事封畧既静公堂自閑况重陽美景得不為樂大合賓佐高張郡樓紅塵發地青山坰牧連天漲海来接蒼梧憑高而翠靄轉微送遠而白雁看沒泛椒菊而筭爵頋絲桐而間奏賔醉月上主待露晞想彭澤之獨遊悵馬臺之陳迹今日之會

何其盛與余貧累謫居卒起庭府黜參佐之體陪上罇之娛韓灰已然鄒谷自煖奉命為府序冠于羣篇辭之所難敢謝不敏請分賦五韻書諸即事云

東樓之北有樓曰逍遙亦下枕灘

宋之問登逍遙樓詩

逍遙樓上望鄉關
綠水泓澄雲霧間
北去衡陽二千里
無因鴈足繫書還

宋改逍遙曰湘南

李彥穎湘南樓記　上登位之明年有詔
經畧安撫程公進直龍圖閣所以奬忠勤
勵勳閥也公自以遠守藩城獲膺嘉命德
上之賜頓首感榮惟是庶幾夙夜恪恭厥
職而公于府事無問巨細咸与區處邊陲
晏休鈴齋多暇顧無足以攄胷懷者而公
默恢遠慮謂桂西南會府為襟蠻帶海用
兵遣將之區然自皇祐中儂賊嘡邊始大
城桂故其隍池樓櫓之列有壞鴻侈麗之

勢閱歲滋久城東之門欹頹腐撓公乃因
舊基而鼎新之興於建中請國之秋成于
崇寧初元之夏下拔峻墉上聳麗譙霍若
雲興俄而山峙驤騫牙以掛斗傍崇欄楯
以躍林杪頫湖丹綺与朝日爭輝高牖踈
櫺与游氛襲氣觀者忡愕謂是功不訾矣
工既落成文武賓士咸列在席公舉觴屬
廬陵李彥弼曰茲樓揭孽輪幽壓百雉之
紓徐爽豁空濛睇千里之超忽平開七星

之秀峯旁搴八桂之遠嶺前横灕江之風漪後踞官府之雲屋疊衆皺以蕩漾環羣山而孤騫若神騰而鬼趨若波駭而龍驚茲亦勝槩之絶倫者矣昔之賦客詩人咸指桂林為湘水之南嘗試以湘南命焉子其為我摛藻而碑之惠茲樓為不朽可乎彥弼敬復公曰昔李太白人中仙才而以不識韓荆州為羞韓退之天下文伯而以不到滕王閣為恨蓋慨夫心賞之難遭也今

僕之來藉碧幢之餘蔭踵珠履之後塵時
為高明之游焉凡襟而寓遙矚閱飛動而
接混茫摻豪振英与山川淑氣相為友朋
斯豈尋常之遇哉夫氣象之優嘉此亦造
物之所深惜也然其有所謂神龍之洞淵
真仙之窩宅名山巨川往〻於此遐州郰
邑之陋幽林哀壑之荒軌跡不得而經者
此亦物象之不幸也今湘南之景駿騁雄
張環轃城郭而雲烟之變化風月之朝昏

千態萬狀惟公以一樓臨之倚檻轉瞬之頃盡得于眉睫之間則雖使造物欲韜光匿奇秘藏而惜之烏可得哉公識量虛明禮賢揚善英俊之士翔集府下號為冠蓋之盛則公之勝勝于茲樓豈造物者特所以露怪變之豪而侑觴咏之樂哉因復系之以辭辭曰偉桂林之通都兮邈三湘之嶺南控蠻陬而轄海疆兮儼帥居之潭潭誦昌黎之高篇兮江山羅帶而玉簪繫啣

命而来游兮若仙登而鸞驂邁我聖朝之
天覆兮烏奔猱讋而亂戩戈甲而鬬氛埃
兮曾弗勞于鞀鈴嘉龍閣之程公兮擁藩
旄而咲談叠清威而抗稜兮洗蠻饕而律
貪浹五春於藩宣兮承皇流而布澤涵奮
樓觀以壯厥武兮屹飛甍之耽耽壓城椒
而四瞰兮籠景象而錯條搏翠壁而攬秀
色兮駭造化之剞鑱馭蒼螭而駕青虬兮
瞰層穹而仰巉穴来風而巖隱龍兮悚靈

巖之室嵌崟連峯而蔽虧兮馮七星而倚
神揞墉峻脚以捶訾洲兮匝清漓于土函
捫太虛而梯天兮超恍惚于囂九雉風餐
而雲卧兮灑蠛蠓于拱簷羅賓尊而虹吞
兮醺簪裾而醉酣仰我公之興復不淺兮
躡風御而薄冰蟾愧無倚馬之仙標兮為
我公翻墨海而搜潛排閶闔而掀滯淫兮
剖欝紆于前瞻雖越吟楚奏而忘異鄉兮
仲宣依劉而知恬寄窮通于塵垢之外兮

探虛無曠莫于周眄嗟景物之戀賢牧兮
遑惜主人之留淹望堯雲于慶霄兮接何
時而畫三冀我公之横槊兮挹凝旒于邃
巖風流千載兹樓兮桂人志德以無斁
唐人從城東至北建有三亭〻皆據灘其
一為東山亭
風土記云府之東門有大亭枕江與望月
樓接最近子城
一為拜表亭

風土記云北接碧潯南連望月東俯長河
西鄰雉堞前政山北盧尚書匡建置
一為碧潯亭
風土記云大中初前韋舍人瓘叔造在子城
東北隅十餘步接連道遙樓前近大江館
宇宏麗制作精緻高下敞豁冠諸亭院後
有去思館舊名青桂館前政吏部張侍郎
籌除替歸裝于此遂改為去思館韋舍人
年十九入關應進士舉二十一進士狀頭

榜下除左拾遺于時名重縉紳指期直上
馬相為長安令二十八度候謁不蒙一見
後任廉察桂林栽半歲而馬相執大政尋
追懷舊事非時除賓客分司悵望留詩于
碧潯亭

唐韋瓘　半年領郡固無勞一日為心素
所操輪奐未成繩墨在規模已壯閬閎高
理人雖切才常短薄宦都緣命不遭從此
歸耕洛川上大千江路任風濤

書鄭碧潯宴上有懷知己　荻花蘆葉滿溪流一簇笙歌在水樓金管曲長人盡醉玉簪恩重獨生愁女蘿力弱難逢地桐樹心孤易感秋莫怪當歡却惆悵全家欲上五湖舟

灕所挾諸水陽江為大其在郭西領杉木諸塘水匯為澄潭歷西南文昌三石梁東出灕山与灕合對岸即城宋於城下構亭曰陽亭

宋張栻仲春過陽亭　亭古危臨岸林幽巧近城烟容隨雨住花片着溪清春事已如許客懷誰与傾亭前幾株樹滿意欲敷榮

灕南流至鬬鷄山南溪之水自西南来出山陰入灕從水口上泝白龍劉仙登岸徑便白龍洞前將軍橋下水中有泉甘冽宜茗稍東為金蓮港每夏秋間其花甚發搖漾水面欝若金粟亦臨汎佳處

唐李渤留別南溪　常嘆春泉去不回我今此去更難來欲知別後留情處手種巖花次第開

彈丸溪上接圓通灣水下合流小支流經七星龍隱至穿山下所出水口當鬬鷄亦注于灕

訾家洲起灕水中近城東隅唐元和中裴中丞行立𣪊建亭閣于其上

風土記云訾家洲在子城東南百餘步長

河中先是訾家所居因以名焉洲每經大水不曾淹浸相承言其浮也

唐楊尚書晏遊詩 桂々雲物盡漫々雨裏花開雨裏殘惟有今朝好風景櫻桃含咲柳眉攢

從事陸弘休

新春豔綻訾家洲信是南方最勝遊酒滿百分殊不怕人添一歲更堪愁囀聲暗逐歌聲艶花態還隨舞態羞莫惜今朝同酩

酊任他龜鶴與蜉蝣

歐陽賓　舊業分明桂水頭人歸業盡水空流春風日暮江頭立不及漁人有釣舟

宋張孝祥　一雨便清涼風回百草香雲山米家畫水竹輞川庄僧賦蠲新帖墻榛斬舊行歸驂乘晚霽空翠滿輕裝

唐柳宗元上裴中丞撰訾家洲記啓

右伏奉處分令撰訾家洲亭記伏以境之殊尤者必待才之絶妙以極其詞今是亭

之勝甲於天下而猥頑鄙陋使為之記伏
受嚴命不敢固讓退自揣度惕然汗流累
奉游宴竊觀物象涉旬摹擬不得萬一竊
復詳忖進退若墜久稽纂刻則有違慢之
辜速課空簿又見踈蕪之累僣期廢事尤
所戰慄謹修撰記上獻退自跼蹐不知所
裁無任隕越惶恐之至
宗元嘗家洲記　大凡以觀游名於代者
不過視於一方其或傍達左右則以為特

異至若不騖遠不陵危環山洄江四出如一夸奇競秀咸不相讓徧行天下者惟是得之桂州多靈山發地峭竪林立四野署之左曰灕水水之中曰訾家氏之洲凡嶠南之山川達於海上於是畢出而古今莫能知元和十二年御史中丞裴公來蒞茲邦都督二十七州諸軍州事盜遁姦革德惠敷施朞年政成而當天子平淮夷定河朔告於諸侯公既施慶於下乃合僚吏登茲

以嬉觀望攸長悼前之遺於是厚實貨居甿
移於閭壤伐惡木剗奥草前指後畫心舒
目行忽為若飄浮上騰以臨雲氣萬山面
內重江束隘聯嵐含輝旋視其宜常所未
覩倏然互見以為飛舞奔走與游者偕來
乃經工庀材考極相方南為燕亭延宇垂
阿步簷更衣周若一舍北有崇軒以臨千
里左浮飛閣右列閒館比舟為梁與波升
降苞灕山水含龍宮昔之所大蓄在亭內日

出扶桑雲飛蒼梧海霞島霧來助游物其際則抗月檻於迴溪出風榭於篁中晝極其美又益以夜列星中下布顥氣迴合邃然萬變若與安期羨門接於物外則凡名觀游於天下者有不屈伏退讓以推高是亭者乎既成以燕歡極而賀咸曰昔之遺勝槩者必於深山窮谷人罕能至而好事者後得以為己功未有直治城扶闤闠車輿步騎朝過夕視訖千百年莫或異顧一旦

得之遂出於他邦雖博物辨口莫能舉其上者然則人之心目其果有遼絶特殊而不可至者耶蓋非桂山之靈不足以環觀非是洲之曠不足以極視非公之鑒不能以獨得噫造物之設是久矣而畫之於今余其可以無藉乎

朝宗渠宋人於城北當道穿渠使其流東接灕江西入西湖達於陽江用補形勝之所不及張仲宇盛事記云王公祖道涖子

癸之流以注亭戍環城有水如血脉之榮
一身遂聞之朝故大觀二年准勅置著令壅
隔新涵者以盜決黄汴二河隄防法坐之
其年桂士得舉者衆范公成大又復修之
且勸駕詩序中方公信孺至又爲繕築然
今湮塞已盡土人至以朦朧橋呼之近歲
於橋旁築亭掘得石記其文曰
嘉定　年　月提舉河渠公務方信孺脩
復古渠築渠閘二石堰一灕溪之水大至

罨城而西達於陽江董事者昭州立山縣
尉丁似雄遣軍統轄孫㤗迄工六月的縻費
萬錢因採范石湖詩以朝宗名其志於石
嘉平月日
西清寶賢其壕水春夏之交瀰淪山麓崖
花水藻叢發清綺隔水百十家隱見木末
後負連山前則萬荷遍映鼓棹而游不減
若耶之勝
隱山之下故有蒙溪引溪為湖遂成巨浸

名曰西湖今悉為田僅餘一綫水出注陽
江
郭外諸水此其大經乃城中則有三塘水
一曰陽橋一曰西湖一曰揭帝宋於揭帝
旁大興浚築有八桂堂泛綠流閣熙春臺今
並廢其地在東北隅起伏波竟北門足稱
長廣頗居者環繞而塘身無幾且各有所
主者不若楊橋東西薄城中帶麗譙有紆
餘婉委之態西湖在郡廨西名與隱山湖

同不知所趣然亦不及陽橋大氏城内之水共是矣

宋李彥弼八桂堂記　湘水之南粵壤之西是為桂林秦以郡置唐以管分遥制海疆旁控蠻窟宿兵援師衿喉二十有六州巍然為會府蓋承聖宋之御圖也堯仁舜恩覆被無外黠獠効順師徒弗勤而邊境自拓斯民樂其業而安其生喜見太平官府故桂邦之俗歲時、載榼提醪口簫腰鼓以遊遨燕賞爲事然而郡山蜿蟺環轃郛郭幽巖邃壑窮欄密檻多栖於烟嵐風磴之外不足以容邦人車蓋之盛與情悰之龍圖閣鄱陽程公自紹聖五載擁旄開府今閱五春矣公淵淪胸襟恬澹壇宇閎開權謀不運聲氣而威揚澤霑瘴塵消廓卧鼓邊亭於是裘輕帶緩時爲逍遥遊因欲以豁邦人欝紆之情乃度州治東北隅有隙野爲蘭皋蕪原陂陁軒霍萬景獻秀可

以圃而堂之爾乃薙莽斸榛掃除猩猱鼯鼪所以嗥風嘯雨之區而為穹臺曲榭崢嶸環麗之觀獨秀屹其孤伏波嶸其偉前繚以平湖為菰蒲菡萏之境中闢以廣庭為車騎樂舞之塲右峙迎曦以賓朝暾左開待月以呼夕魄山川滿目桃李成溪鋪遲日以采蘩激光風而轉蕙而對植丹桂為蒼蒼之林散蟾窟之天馨飄薄於几席之間是為八桂堂也輪吸清漪筒濟迅注

泛蘭舟而載雕觴環嘉賓而筭醇醪是為流桂泉也鑿方沼而聳中洲叩淺欄而數遊鱗倏然有濠上之趣不減惠莊之真是為知魚閣也因岡為臺憑高從倚蘸波影於簷楹漱灘聲於眉宇而峻以青瓊溢空而嬉士女喧咽心醉物華不知珥墮而簪遺是為熈春臺也公乘休暇則驅貔貅抗幢旆引賢士大夫而來遊相與傲清晝擲芳鮮酌桂漿之金波浮先春之玉擇乳投驍

壺而敲芳枰西晝頹光鳴珂而歸夾道之人仰公高致邈在物表謂公雍容坐燕鎮行坐鎮數千里於樽俎之上若將與民相忘者雖山季倫之醉習家池羊叔子之登峴山風流之敏妙僚侶之英華未足多謝彥彌乃招稠人而語之曰爾知公之所以遊乎夫君子長者之於人未有不先同其憂而後同其樂者蓋數炊秤爨足以己享而不足以享人此小知之士所以長見嗤於大方

之家公之帥桂也明政事鍊甲兵銷患於未
萌而人無駭輿之變此先同其憂也公之
闢闠也敞扉通途無隅塞之禁而不忍擅
一身之私此後同其樂也惟憂樂與斯人
共之是為公所以建公八桂之意與於是衆
口嗟咨感公盛德謂山石可泐川湍可涸
斯堂之景豈有既乎雖然景則無時而盡
公則有時而去一日歸拜明光密侍嚴凝
則吾人思公之心亦豈有既乎願得公之

文以紀無既之景寓無既之思僕曰公手植八桂於堂之砌異時公歸在朝爾邪之人擁翠幹而培深根徘徊撫翫於濃陰之下想風采而泳芳馨期為勿翦之千齡則是真甘棠之思也願吾之文亦何與哉謹記

灕山人曰桂以山聞山以巖洞得稱秀絶微灕為之池不但氣之盤鬱無所宣洩而山亦偏枯何所麗以增其清韻也且城垂據

之以為險人因之以為利其北走洞庭南出番禺城下輕齎重裝水道是由即軍國所需鮮不取濟灕之功用大矣哉天不特增諸山之美已也漢書郡國志注及酈道元水經注指灕所出昭矣宋人又從而為之説至以湘為上為先以灕為下為後又謂湘灕為名是取類也是所假也是從義也是有因也何其騁辯不審要一至此乎不惟其文猥冗而于義亦無當雖今昔郡

志采以為證心竊非之故無取焉乃莫公休符風土記于桂諸山多所發明至靈渠條下敘人言馬援鄭弘開渠之謬是矣其謂戈船將軍嚴助則失考史記所云故歸義越侯二人為戈船下厲將軍出零陵下灕水烏得有嚴助哉余亦不之録世固不乏是古非今者故詳採往録著考見同異如此

書桂勝後

是書粗成，深惟兩廣公暨當塗諸公加意文學，遺使蒐訪，以此休烈方之勒山，其名孰長久也。柳山雖神，不能自言；文無脛，不能自至，余何由得萬目哉。第諸文亦有真贋，如龍隱題名有高平希文、安陽稚圭、廣平子京，則韓、范、宋三公字；黄金巖有妄僧作蘇內翰碑，余並置不録，以數公未至一桂，假令至矣，安得同時？即伏波、米元章之題心疑程李兩家父子所為以經方提刑力辯之姑取入焉諸所不錄意指具書中不然則以抄撮雜給故爾且古人往矣存之不足以見德去之不足以買怨亦何樂為此鉤摭哉昔魯以贋往荊以真棄今一踵故竊恐知言拊掌四至矣且置諸公援簡盛意于何地茲屬書成復視所為不得已者如此云

萬曆己丑九月四日灕山人張鳴鳳識

桂故序

余志桂勝竊迹前事久之釋書而慨曰嗟予嶠岫森剡潭瀨交縈太皞以上非耶山川不改人生其間與帝者更廢興殆千萬年於今矣乃按壤之舊而問先民唐以前靡聞焉又不有剖符建節南面臨人者曾為比中士民所式瞻者予或前史軼其行事矣甚或名氏亦与其人俱滅余並悲之頃得諸山所鐫及他書間出者因籍其人

廣為採討或睹其逸事與其鄉里莫不緣
飾俾列之傳而媺惡亦附見諸名不挂於
桂勝者亦不之及其他不能為地闕如也
或曰先郡國官名者何余曰今桂林非古
也又世無刻子官失其名著志者兩失之
不得不首舉焉嗚呼舊學已矣方來茂秀
烏可忽諸設令當塗貴人擁傳而來不習
故事有所召問舉全蜀之郡掾述會稽之
書佐何可謂闔郡無是夫哉或曰書曷云

故余對以昔人稱魯侯能政每咨故實漢有掌故之官用備郡國長史訪所不及是書纂錄一因舊典上下千百年間桂諸使傳粗足披覽雖故實失載掌故不設籍是以應顧問十可得一本出舊典爲不云故或者又謂如微惡分明何曰前載紛紛非自我作故也往裴行立以園上祠名宦朱禩孫以降元祠宣成之側紘名實隨風教主者過舉若此又况遐陬小生鮮所指視

哉故不得不端議之桂雖蕞爾寧獨匪民
撫遺勒仰前軌一見先政卓爾有嘉聲者
豈無遺愛之感耶況先民之良亦可涉目
得二三氏余輒自謂勝故兩書庶足彌縫
吾桂之闕至於其中差有脫漏非貯籍不
充則疑視易勸後世載筆儻有亮予而曰
敘造者雖為功則余懼可釋也已
萬曆己丑五月六日灕山人張鳴鳳序

桂故目録

桂故凡例四條

一先政先獻畧為之傳蓋既識前言須稽往行故曰不知其人可乎然非遺言在桂留名在山無所啓余心矣

一傳中先獻不及先政十分之一非貴遠賤近也直以御乏遺文後無的據即如所載張秦諸公記文徵放史漢主父嚴徐以所上書為傳爾

一傳中如題名某山及与某人同遊某

山之類書重言複豈不是厭第以斯志
新出多非舊聞不一〻指視所在將謂
任聴何杜衆口
丁是書前後頗有辯駁非企賞音用解
耳食客寄應仲遠作風俗通之意也

桂故第一卷

始安灕山人張鳴鳳著

郡國

桂故荆屬本南楚之境為郡為國皆以始安名與秦所置桂林雖土壤相接然楚自楚越自越名稱疆分著在前史不可營亂失自唐起如通通典風土志諸書本唐人所撰畧不披圖按求故地遂一切曰桂秦与魏晋桂林郡縣幾淪滅矣所以失者葢因

梁置桂州刺史于始安刺史雖可假桂而置始安頋可循桂而并沒其稱耶此不涉史者之過也兹特備列用以舉正焉

前漢地理志

零陵郡所領縣十

一始安

後漢郡國志

零陵郡所領十三城

一始安侯國

按志注云屬荆州刺史夫始安屬荆則當時桂林區別明甚隨考漢志屬交州者爲鬱林郡領縣十二一曰桂林其郡名下注云故秦桂林郡武帝更名曰鬱晋至隋皆因之

三國吴志

甘露元年十一月以零陵南郡爲始安郡

晋書地理志

始安郡　注云吴置統縣七

始安　始陽　平樂　荔浦　長安　熙
平　永豐

宋書州郡志

始建內史　注云宋明帝改今名領縣七

始安　熙平　永豐　荔浦　平樂　建
陵　樂化

齊書州郡志

始安郡　注云宋名始建今改之領縣六

始安　荔浦　建陵　熙平　永豐　平

梁

梁書武帝紀

天監六年七月丙寅分廣州置桂州

大同六年置桂州於始安郡督南桂林等二十四郡

按始安初屬荆州中屬湘州後改屬廣州受彼刺史所督察未有桂稱其設州稱桂為部刺史治所自梁始曰南桂林即秦桂林也

陳書無志

隋書地理志

始安郡　注云梁置桂州平陳後置總管

府大業元年府廢統縣十五

始安　平樂　荔浦　建陵　陽朔　象

隋化　義熙　龍城　馬平　桂林

陽壽　富川　龍平　豪靜

唐書地理志

桂州始安郡中都督府至德二載更名曰

建陵後復故至大順三年始建府號曰靜江軍領縣十一

臨桂　理定　靈川　陽朔　荔浦　豊水　修仁　慕化　永福　全義　古其陽朔下注云武德四年置歸義縣

按隋以前首縣皆名始安未有桂稱惟隋第十一縣曰桂林注云大業初併西寧縣入至唐乃改首縣名曰臨桂注云本始安武德四年置後因之

五代史職方序

桂州靜海軍初屬湖南馬氏後屬南漢

宋史地理志

靜江府本桂州始安郡靜江軍節度大觀元年為大都督府又陞為帥府舊領廣南西路兵馬鈐轄兼本路經略安撫使紹興三年以高宗潛邸陞府寶祐六年改廣西制置大使後四年廢復為廣西路經略安撫使領縣十

臨桂 興安 靈川 荔浦 永福 修
仁 義寧 理定 古 永寧 南渡
後無永寧縣 一
灕山人曰世之議者必云屠睢之所擊任
囂之所戍翁居之所監非此桂林明矣史
祿鑿渠毆壤安在夫浚灕之流以開餉道
為伐粵之資非置郡後而始鑿也無足疑
者或者又以古有八桂為言山海經曰桂
林八樹在番禺東賀今吾桂果番禺東耶

西耶名之不正遂令郡志以吴桂林太守修允韋入柳何其輕信已或又謂余之著書亦桂始安何夫絳之有故也猶豐之有新也名從其新實存其故孰故以非新則僭徇新而忘故則愚廣置詰難爲以秦所開設亂楚舊疆云爾甚者又妄附交南必以唐中葉有安南桂管宣慰使之官不知爾時或因交南不庭遥爲撫諭或蕩定之後從其人於桂旁地不則桂當交人貢道

貢使始入一慰勞之也邕交隣境尚不得爭咫尺無故而舉桂數千里之外附之為誤孔甚用以牖愚豈憚涉僭抑萬世後獨無解者耶有則昔人所謂旦暮也已奚其僭

桂故第二卷

官名

夫為民師而命以民事昔謂之紀近廻覽前策莫有問者以指名可知其職非若上古摹雲譔烏象火紀水難厝思也故問者不俾越國傳者自謂頗門即如周禮一書揔之所載不過六卿諸屬与其所受之事文古義深劉歆雖獨識不能銳精至鄭賈解行猶多遺闕孰謂官名乃細故耶唐宋

以降事不師古冗流猥衆官號不雅毋假考古者皆知之顧志者往往不為别白如宋經畧安撫轉運提刑所在並設皆綱紀全部之上其外又有常平諸官頗相頡頏故諸山題名迭為先後恐見者有所不解因并籍記亦以備志者之闕焉諸官首舉始安令何名見前史自縣起示有先也

前漢

始安縣縣有令或長公卿表云縣令長掌

治其縣萬戶以上為令秩千石至六百石減萬戶為長秩五百石至三百石皆有丞尉秩四百石至二百石是為長吏

後漢

始安侯國〻有相百官志云每縣邑道大者署令一人千石其次署長四百石小者署長三百石侯國之相秩次亦如之

三國吳

始安郡其職名不見於志乃他郡或有之

大氐倣漢所置也

晋

始安郡職官志云郡皆置太守諸王國以

内史掌太守之任

宋

置始建國内史

齊

改始建爲始安郡仍置守

梁

始置桂州刺史）
陳
因梁之舊亦置刺史
隋
平陳後置總管府百官志云總管刺史加
使持節
唐
所置不常如都督府則稱桂州都督開耀
間改稱管内經畧使後復置都防禦觀察

招討處置等使大順三年陞桂管經畧使為靜江軍節度使蓋其季也乃常稱或檢校尚書及中丞桂州刺史兼桂管防禦觀察等使而已天寶元年改州為郡改刺史為太守至德一載復諸州及官名州屬則有別駕長史司馬錄事參軍而節度之屬又有副大使知節度使行軍副（司馬）使判官支使掌書記推官巡官衙推官之類

五代楚

馬氏初稱桂管觀察使後以其弟賓為靜
江軍節度使
宋
知桂州率以諸館閣秘殿兼經畧安撫司
使紹興三年為靜江軍則稱知靜江府提
舉學事管內勸農使充廣南西路兵馬都
鈐轄經畧安撫使兼提舉買馬不一自桂
及瓊並受節制戎機民事小則顓決大則
奏請後併黔南為一路所部益廣故稱帥

府及寶祐改制置大使兼轉運則又稱制閫矣其屬有幹當公事主管機宜文字準備將領準備差使而通判于州郡為上佐云

轉運使副使判官各一人掌經度一路財賦歲行所部檢察儲積凡吏蠹民瘼悉條以上及專舉刺官吏之事其屬有主管文字幹辦官各一人文臣武臣準備差遣差使多寡無定數

提點刑獄公事掌察所部獄訟凡禁繫淹延不決盜竊捕竄不獲皆劾以聞及舉刺官吏之事舊制參用武臣熙寧初罷之六年置諸路提刑司檢法官紹聖初以提刑兼管坑冶乾道八年以人言諸路經揔制錢併委提刑官督責後又以人言廣西所部州軍最多提刑或照原降指揮分上下半年就欝林州与靖江府兩處置司其屬有檢法官幹辦官

提舉常平司提舉學事類攝不一後或罷
第令兼攝
走馬承受舊隸經略安撫司歲一入奏有
事則不時馳驛上聞崇寧中始召不隸政
和六年改稱廉訪使者与經略安撫等夷
矣靖康初罷之
縣置皆同兩漢百官志令長而下惟有丞
尉獨無主簿列傳內始有署為主簿之文
厥後因之乃注為定員在尉上

梁陳以後有都督廣交越桂諸軍事或督湘衡武桂諸軍又衡桂成合四州諸軍權出兼督又有遥領至宋遥領益衆其行軍揔管所有長史司馬皆以行軍立號宋又有體量安撫經置制賊盜諸使及招安捉賊捉殺等名皆以征南至而唐之桂管安南都護蓋因交南有事閒一置之路分兵馬都監兵馬鈐轄管界巡檢等官皆戎臣備邊盜者宋末又有都統制兼大使遣暫揔

戍雖非常設以有名諸山故附列之篇灕山人曰余為官名見漢世之文辨物正辭義該事舉由周而後文訖于此盂嘗學之研精史漢旁及黃圖雜記諸書嘉所稱謂寧張局署吏閭哉宮殿樓觀館舍臺亭被以一字咸極精雅論者美之謂炳焉與三代同風信矣唐至中葉六典失守羣盜擅節鎮廝輿濫侯王使名重沓幾至百字宋初稍懲又經元豐更定官制猶不能澄

汰故習至其後領兼紛ゝ而名號濁惡亦孔之甚蓋宋自景德慶曆四五十年間運鍾隆盛人亦太康國體之墮廢吏治之苟且始不莊議後相曲徇不思更化矯俗黨同妒異小人乘之遂媢黨禍其極也舉翠華而汀黃沙豈可令熙豐首事者獨任其咎哉不獨談治講學亦爾將亾之主請議為理何理之遵安坐待盡文物不振恒必由之觀桂勝諸所錄出自宋者何可掩也

桂故第三卷

先政上

記事之書國史而下則有外志如汝南三輔華陽諸書皆州郡之所釆輯郡縣之所甄列大者侯牧次則令長其頒示科條與夫治迹著在境内者罔不籍記雖年代荐更而伊人如在近可述其善政遠可詠其流風不以異姓擯彼名籍如齊起太公上泝蒲姑歷逄伯陵至於季蒯卒推本爽鳩

氏歷〻有據晏子故傳物君子不有典籍藏在舊府何由默識而取辨立譚哉兩漢令相史蓋闕錄追尋末從良可惜也故本諸史及他書與名勒諸山者或摭其本傳或循其遺詠徵以數語略存風槩為諸先政傳參佐從事亦頗與（豫）焉乃任華楊衡李商隱數君子其迹若類羇游其名實在桂府且于時府主得自辟選諸君例沾奉廪故不敢附之游寓

張九齡字子壽曲江人自洪州都督從桂州兼嶺南按察選補使謁虞舜廟有文其詩則巡按自灕水南行者甚稱山川之佳至云目因詭容逆心与清暉滌驚歎其勝如此劉禹錫乃謂九齡爲始安有瘴癘之歎非也禹錫蓋因九齡當國時曾建言宜峻遷客之防禹錫屢經謫外久不得量移內地故追憾九齡且云無後況不安瘴癘乎

李昌巎大曆間以御史中丞桂州刺史兼桂管觀察防禦使有討西原賊潘長安功吏士為刻平蠻頌鎮南山下又嘗修飾舜祠〻後虞山亦有碑其時韓雲卿以文韓秀實以書李陽冰以篆知名當世二刻皆三人所為獨秀山又有監察御史裏行鄭叔齊為昌巎作新開石巖記中言昌巎即山建學大興弦誦昌巎于桂蓋多可稱者尋以荊南節度使討梁崇義仕華於桂稱

昌巙忠義特達有文武才畧或者謂之賈
錄

任華其詩尚奇如贈李翰林杜拾遺兩詩
古無其體在桂送祖評事赴黔府序云出
餞何許舜亭哉〻凭欄窺黿鼉之窟酹酒
滴魚龍之背及序送宗判官歸滑臺又云
二三子出餞于野霜天如掃低向朱崖加
以尖山萬重平地卓立黑是鐵色銳如筆
鋒復有陽江桂江畧軍城而南走噴入滄

海横浸三山則中朝羣公豈知遐荒之外
有如是山水山水既爾人亦其然華是時
為昌夔府中叅佐同時有藉侍御潮濟武功
人佐前御史中丞張公為判官
戎昱荊南人登進士第衛伯玉鎮荊南辟
為從事復後應桂府之辟有登西山上陸大
夫詩又兩有李大夫詩陸失其名李則昌
夔然于李深感其恩亦足以徵昌夔之能
容士昱後官辰虔二州刺史

孟簡字幾道德州平昌人簡工詩尚節義以善文聞所知既歿多恤其家一時名士柳宗元韓愈諸人皆樂與之遊晚節燥競佞佛最甚頗為時所誚獨秀山曾有題名但稱刑部員外郎疑是時或倅桂州云

馬總字會元其家廟碑云以御史中丞都護日南以國子祭酒觀察桂州史稱其都護安南廉請不撓用儒術教其俗政事嘉美獠夷安之後從桂入為刑部侍郎官終

户部尚書總喜讀書雖視吏事書不去前即所輯意林其涉獵亦頗衆矣疊綵山有安南桂管宣慰使馬曰温送馬祭酒刻石温無所考馬祭酒必總也

柳宗元字子厚其先河東人文名爵位詳具唐書中其自永州司馬爲柳州刺史曾一至桂有桂州城北望秦驛手開竹逕至釣磯留待徐容州詩曰幽逕爲誰開美人城北來王程儻餘暇一上子陵臺又爲裴

行立記管家洲其文於時与韓齊名若登高而賦義深語麗有魏晋間風藻則韓無以過也遠謫蛮死寔學未竟匪人是抑天亦忌之悲夫

裴行立自安南經畧使從桂管觀察曾討平黄峒賊即城東灘江中管家洲造梁構亭跨洲抗氷為一時館宇之最屬柳子厚記之然行立議討西源初妄謂蠻弱首請發兵盡誅叛者欲徼幸有功憲宗許之行

立出兵擊吏二歲妄奏斬獲二萬因天子為解自是邕容士民以戰戍疾疫死者甚衆而調費至無所給其禍由行立陽旻二人當時莫不咎之韓愈亦謂自行立旻建征討生事詭賞邕容兩管日以彫獘人神共嫉之不知後來何以行立祠名宦蓋不考史而徒讀柳文者故爾

李渤字濬之寶曆間為桂管觀察使渤與兄涉早隱廬山中從少室元和初户部侍

郎李巽諫議大夫韋況交章薦之以右拾遺召河南少尹杜兼遣吏敦促渤上書謝不至洛陽令韓愈遺書規渤心善其言始出山家於東都久之以著作郎君遂起歲餘遷右補闕渤自山人召起奮發敢言用答時望封章日上天子頗徇所請擢給事中賜金紫服後出為桂管灕靈渠廣水道又為桂奏請設常平以其暇日開隱山疏南溪賓佐往遊踵為勝集隱山相傳有皇

甫湜吳武陵韋宗卿所為記湜文不存南溪則渤自序与其詩並傳

吳武陵慷慨尚奇李渤請為倅故事副車上任具櫜鞬通謝又數日毬場治宴酒酣武陵致詞云奉約同遊山水奈何責望以故事予渤不得已強從之已乃于坐間褰衣咲語渤醉益怒命左右捽送衙司斬之時都押衙米蘭以為不可遂引共寢渤半夜聞家人哭聲怪問所以家人告以聞殺

武陵渤遽起召蘭乃知亾恙比明渤至武陵復所卑詞引過遂歡好如初先是武陵居永州柳宗元賛其為人及後為裴度所知每為度言宗元久斥蠻中當量移使得優游江湖又為書与侍郎孟簡言宗元久斥不還一旦蒙霧露而死柳氏無後矣後出為韶州刺史以贓貶潘州司户參軍卒然武陵好文篤舊其于宗元有古節士之風在桂時為渤記隱山又有韋宗卿者作

六洞記宗卿亦自藻繪然不知在桂為何
官
元晦相國積從子其自吏部郎中受諫議
大夫制稱其往在內庭嘗感先顧奮發忠
懇不私形骸俯伏青蒲至于雪涕盡敢諫
之士出為御史中丞桂管觀察使見疊綵
山有千越四望左右廻翼心大樂之引水
穿沼治亭院其間晦自命名其小記与題
篆似皆出其手寶積山亦建一亭曰巖光

晦鏡有詩今失所在又嘗以灘山不可与温泉驪山並稱改曰儀晦於元氏亦秀而文有勝抱者乃杜牧之薦其友人韓乂云乂惡晦之為人将有所揚必有所抑乂絶無指實恐牧之斯言非篤論也

廬匡桂管觀察時以九月集諸叅佐登東樓宴飲長史于郁為序郁字相門以諫議大夫知制誥進禮部侍郎朝有大典策必出其手為三司使治薛邕獄忤上旨貶桂

州長史復為太子賓客与時相陸贄不平
出為杭州刺史再貶衢州徙江州卒邵于
桂著文最多
韋瓘字茂弘仕累中書舍人其自桂管觀
察使除賓客分司以少時傲忽馬植比植
柄政追懷舊事乃以分司罷歸洛詳具風
土記中唐書謂瓘与李德裕善李宗閔惡
之德裕罷貶瓘明州長史會昌末累遷楚
州刺史終桂管觀察使誤矣洪氏隨筆有

辯璀浯溪留題云其官位與見惡宗閔質李德裕罷相年歲皆不合且自言旁考諸書竟不知璀去國坐何事豈未見風土記耶

楊漢公字用乂桂管觀察使於訾家洲宴遊賦詩從事陸鴻休和之

張固亦桂管觀察使大中間以重陽節宴於東觀〻在今七星山從事盧順之即席贈固以詩固亦有和和獨秀山亦有固詠

所著有幽閒鼓吹唐史遺事通考云固懿僖間人

鄭亞大中初爲桂州刺史御史中丞桂管防禦觀察使辟李商隱爲判官居府中典其書記以与李德裕善德裕罷相坐貶循州

李商隱字義山懷州河内人或言英國公世勣之裔孫第進士調弘農尉後依桂管觀察使鄭亞府爲判官亞謫循州商隱從

之凡三年乃歸李德裕故与令狐楚有隙
商隱早事楚後依亞〻以德裕黨斥外楚
子綯憾商隱不置商隱文名高於一時忌
者以綯故目為輕薄商隱竟与世坎壈終
其身在桂詩文甚多其自桂林奉使江陵
途中感懷之作有曰既載從戎筆仍披選
勝襟瀧通伏波柱簾對有虞琴宅与嚴城
接門藏別岫深閣凉松冉〻堂靜桂森〻
此數句狀府廨与獨秀相接如在目中若

西溪及流盃亭恐他處皆有難定指以為

桂

楊衡者吳興人在桂與陳羽念別有云碧桂水連海蒼梧雲滿山及送公孫器自桂林歸蜀則云桂流淺復碧瀑淺半露石似亦曾臨清流而興詠者其少時與符載同隱載有送衡自江陵下南越序自言其學得衡指授最多孟郊亦有哭衡詩曰君生霅水清君死霅水渾其為流輩所重如此

吳興志不著其名桂亦莫有知其詩者惜哉

莫休符其自序所著桂林風土記云前賢撰述有事必書故有三國志荆楚歲時記湘中記奉天記惟桂林事迹闕然無聞休符因退居粗録見聞曰桂林風土記聊以為序時唐光化二年九月二十三日休符不知何所人序前自列官位所至銀青光禄大夫檢校左散騎常侍使持節融州諸

軍事守融州刺史御史大夫以桂勝多引其書故附之傳末

灕山人曰唐諸先政若王晙裴懷古韓佽三四公咸愛利著于屯田咸信順格於黠賊功庸茂矣乃棄不録顧歆豔李元之經營任吴之序記者何曰此志桂勝非循吏傳也夫隱山南溪顯於西南疊綵寶積光於東北繫二公是賴哉李則入山而有隱操立朝而有風議无事不章其授諫議之

制謂其奮發忠懇伏諫雪涕亦非無所指而然也又其文采皆可照耀巖壑任才跌宕似出吳右均于吾桂山水多所潤色乃談者獨取昌黎篸帶之詠不幾淺之乎其涉耶古語有之百聞不如一見昌黎蓋聞者耶斯兩句本非詩苑之極則何足述哉又郡志所采詩多自他處送人至桂質以身遊目睹者殊科則余之不尚隃度所操殆与射聲者異矣

桂故第四卷

先政中

桂在西南一隅非四戰之地議者必曰中原有故足可保險偏安數十年動引庸妄人癸水之讖以爲證其說近是而實非也盍試一上觀唐宋五代之際予宣歲始亂馬氏繼之至番禺劉氏父子而止五六十年間土易三姓如反覆手其人得自脫於劍戟之鋒矢石之慘者無幾譬之人身中

夏腹心也邊隅四體也未有腹心受病而四體愉快如常者偏安之説其可信乎後頼宋稱制加以寬政表節鎮建州府黜侯王置牧守解去武健嶺任儒生原野無戰塵之揚海嶠有惠風之扇經畧轉運提刑諸大夫政刑具平聽覽斯暇或以省耕省歛或以送往迎來或汎於舟或命乃駕不東之七星則西之隱山諸處来遊接軫勒名選石其抄録至者余得按之節其為傳

馬
蘇安世字夢得開封人為三司户部判官
太常博士時歐陽修以甥女獄事相連權
貴人惡修者欲因而擠之使安世与中貴
雜治安世竟白其冤修得不坐權貴人遷
怒安世誣以治獄不直黜監泰州稅安世
久在外不蒙召還終廣西轉運使王安石
志其墓言安世十五年不求磨勘其澹于
榮進如此雄山有題名且及其諸子台文
等与進士趙揚揚即其壻台文弟兄皆歷

官中外

余請字安道曲江人以文學稱鄉里自潭州改桂州時儂智高反召以廣南西路委請經制請測智高必結援交阯賂諸峒以自固乃遣使諭交阯會兵擊賊又募儂黃諸姓酋長皆縻以職使不與智高合其後狄青孫沔討平智高論者謂請先謀翦智高羽翼功居多焉徙知潭青兩州以交阯申紹泰之變請復安撫廣西龍隱巖有題

名熊文友蕭固宋咸柳涉李師中馬仲方黄照皆同遊者宋咸李師中自有傳
宋咸字貫之建陽人歷廣西提刑轉運使嘉祐三年知桂州蕭固轉運使王罕命臨桂令梁庚復開華景洞時咸以提刑為記之石仍載武提刑文思副使王琚鈐轄供備庫使李繼明通判屯田員外郎周約
李師中字誠之楚丘人提點廣西刑獄鑒靈渠奏罷邕管馬軍初邕州蕭注宜州張

師正謀徼邊功注欲以所管蠻峒酋豪往討交阯云不煩朝廷兵食經畧使蕭固轉運使宋咸為注所餌合詞稱便詔以注奏付師中規畫可否師中詰難注其議乃阻擢轉運使攝帥事師中嘗著宋頌三章其一神武頌太祖曰於赫神武不顯其功天命在躬圖惟厥終不卜不謀付命太宗惟帝之心天地之公其二文明頌太宗曰於昭文明繼序其皇既有典常底定四方清

廟用章德音不忘其三仁功頌真宗曰於
穆仁功已任天覆物萬民靡不壽懷爾戎狄
以及禽獸吁嗟仁功草木遺茂如文王之
囿頌在龍隱巖鐫者前知合浦縣陳惇師
中政尚清淨不喜用兵多於詩中見意其
頌亦爾非為懲格注議然也
柳開字仲塗大名人自全知桂所著有玄
風洞銘及湘灕二水說亡何坐前在全有
卒訟開開即杖背黥面送闕下有司言卒

罪不及從召開下御史獄〻具以上削二
官黜為團練副使開于時有文名
王罕字師言其先蜀人從家於舒為桂州
轉運使名在華景巖罕所涖號精敏然寛
雅有局士民莫不愛戴之王氏子孫顯聞
于舒自罕始
孫抗黟縣人舉進士為尚書工部郎中廣
南西路轉運使以文學見于世詩在隱山
吴及字幾道通州靜海人為右司諫以劾

正稱遇事無小大輒言久之出為工部員外郎知廬州進戶部直昭文館知桂州于伏波山北建蒙亭李師中記之

陸詵字介夫餘杭人熙寧初以集賢殿修撰知桂州奏言邕去桂十八驛往時經畧使未嘗行餝武備臣願得一往使群蠻知有大將號令因以聲震南交詔可自智高定後交人浸驕守帥嘗姑息詵至部後其使者黎順宗来偃蹇如故態詵詰其禮因

諭以所當為慴伏而去訖遂至邕州集左
右江四十五峒首詣麾下閱簡壯丁五萬
補置將吏更鑄印給之軍聲益張交人滋
益恭遣使入貢召為天章閣待制知諫院
命張田代之英宗戒以毋得改訖法訖在
桂時一与僚佐遊伏波山提點刑獄余藻
為其題名巖中與者孔延之白均徐印姚
原道劉恕
孔延之新喻人宣聖四十七世孫幼孤貧

晝則帶經耕鋤夜則然松讀書慶曆間舉
進士為廣西轉運判官伏波雉山隱山皆
有名所撰瘞宜賊記鑱城北鎮南山
姚原道通州人自縣尉有聲遷職方郎中
曾知欝林先為經畧司管句機宜文字
俞獻可新安人為桂轉運使九月九日宴
龍隱獻可自書石其篆大有徐鉉筆意
劉恕字道源筠州人恕少穎悟年十三欲
應制科從人假漢晉書閱月皆歸之善説

經義尤精史學司馬光編次資治通鑑引恕共事恕于魏晋以後事考證差謬最為精詳与安石有舊欲引真三司條例恕以不習金穀為辭因言天子方屬公大政宜恢張堯舜之道以佐明主不應以利為先又條陳所更法令不合衆心者勸使復舊至面刺其過安石怒恕不少屈然性喜讀書最甚宋敏求知亳州家多書恕枉道借覽閉閣晝夜口誦手抄留旬日盡其書而

去
目為之翳熙寧初曾為桂經畧司勾當公
事与陸詵遊伏波山
和斌字勝之濮州鄄城人任廣西鈐轄平
儂智高有戰功改秦鳳廣西以屬事乞留
秦州亦請之詔留廣西累歲徙涇原召對
議者謂交州可取斌盛言有害無益願戒
邊臣無妄動神宗歎曰卿質直如此乃知
兩路爭卿為不誣矣在桂時斌獨遊伏波
山

蕭固字幹臣新喻人為廣西轉運使察儂智高有反狀條上羈縻之策于樞府時不能用後智高反一如所料人始服其有先識名列華景宋咸所為記中

張田字公載澶淵人知廬州治有善績移桂州異時蠻使朝貢假道經桂與方伯抗禮田乃厚犒之絀其儀蠻不敢校土人劉紀盧豹素為邊患終田在官慴然斂迹或告交阯盛兵襲特磨道諸將請益兵田曰

此虛聲也必其國有故張以恐我爾後果如田言宜州人魏利安貧罪亡命西南龍蕃從其使入貢凡十反至是龍以烈來復從之田因其入詰責之梟其首欲并斬以烈叩頭流血請命田曰汝罪當死然事幸在新天子即位赦前汝自從朝廷乞恩乃容請貸其死熙寧初加龍圖閣知廣州治尚清嚴起欽賢堂繪古清刺史于中日夕拜之蘇軾嘗讀其書以侔古廉吏先是唐

介司馬光文劾之介以田奏臧執政而下裕享賚費論其虧損上恩光遂指為傾險然史著田為人伉直自喜好嫚罵使氣陵人故多失士大夫意及身死而人亦不衰名在龍隱巖後其子壽之赴官合浦道出桂林覩田題名悲感為記其孫修武郎光祖後四十年再至重為書之

燕肅字穆之益都人遷中侍御史提點廣南西路刑獄與俞獻可李誥同遊七星山

孫覽字傳師高郵人以寶文館待制知桂州所著有獨秀山五詠堂記及雉山有題名

曾布字子宣南豊人元豊元年知桂州二年開七星之東巖与其僚屬遊管勾常平劉誼為記布自作詩轉運副使苗時中提點刑獄劉宗傑彭次雲提舉常平齊諶皆和之楊損尚用之亦繼有詩布為人詳具姦臣傳

當時中字子居其先自壺關徙宿州之符離遂為符離人所至皆有惠政其為廣西轉運副使師討交人罷次富良江久不進時中曰師無進討意賊必從間道來乘我不備冀萬一之勝可密備之既而果從上流來及戰敗始納款後加直龍圖閣知桂州進寶文閣待制仕學規範載時中曾為臨桂令頃于諸山所鐫得宋知臨桂者梁庚唐鐸西門賞陳舜詔斛邁其名皆不見

於郡志僅存送臨桂令戴若訥一詩而已惜無能述時中以下治邑所施行者

劉誼字宜父長興人熙寧中持節南方請罷買沉香減鹽價四十餘事上稱其論事有陸贄之風王安石銳意新法極諫不便坐黜以歸乃隱居三茅山有文集奏議行于世桂林志亦載其奏免役錢爲桂名宦云与誼同時遊曾公巖者洛陽劉宗傑歷陽齊諶吉水彭次雲天有尚用之江都人

郡志謂用之愛桂風土因留家焉

張頡字仲舉其先金陵人從鼎州桃源為廣西轉運使頡謂建廣沅為順州無益朝廷從其議坐捽罵叅軍沈諫罷歸未幾以直集賢院知齊滄二州進直龍圖閣知桂州入覲帝首言鄉嚮者論順州不可守信然時有獻言者謂海南黎人陳被蓋五峒酋領異時盛強且為中國患今請出兵自効宜有以撫納之命頡處其事頡使一介

往呼之出補以牙校喜而去詔問何賞之
薄對曰荒徼蠻蛋無他覬得是足矣尋罷
兵海外訖無事久之轉運使馬默劾其經
理宜州蠻事失宜罷職知均州哲宗立朝
故職知鳳翔廣州召為户部侍郎顓所歷
以嚴致理而深文狡獪右司諫蘇轍論其
九罪執政以顓雖無德而才可用不報龍
隱巖有顓名
周騤汝南人知桂州与轉運判官安定梁

戴提刑隴右李永德為七星之遊永德惟
清次子家世在惟清本傳
譚掞字文初曲江人提舉廣西常平歷轉
運副使曾徧遊諸山最愛龍隱手自題石
伏波有其兩弟拱抃名又有譚振或掞族
也雉山遊者有劉燁亦其里人
曹輔字子方海陵人与蘇軾秦觀遊為廣
西提刑于玄風洞有遇歐陽晦夫詩晦夫
名闢桂州人自有傳

劉怙字彦強西安人元符間与府帥黄忱
同游龍隱衢志稱其廉遜歴事五朝僅至
刑部郎戴安仁質夫亦衢人提舉学事
章峴浦城人提點廣西刑獄龍隱伏波雉
山皆有詩姑蔑志稱其兄岷与峴及弟岵
嶙皆以文詞清麗有名當世
彭子民湘陰人為廣西察訪董必之屬官
時蘇軾謫儋州董媚時宰欲遣人害之彭
顧泣曰人各有子孫董感悟止令小使臣

追出官舍子民官至員外郎曾於南溪諸
山与陶達諸人遊子民字彥脩
劉蒙字資明宜黄人提點廣西刑獄為人
清潔不可干以私所得補官先二弟而後
二子在桂時与程節遊龍隱巖鐫有名
胡宗回字醇夫用廕登第紹聖初以直龍
圖閣知桂州進寶文閣待制坐繫平民死
降集賢殿修撰知隨州名在伏波山
徐常字彥和浦城人紹聖間提舉常平從

知桂州胡宗回遊龍隱

李宗儀字唐輔江夏人与從弟宗儒四世
同居相友愛好學獨行嘗為廣西提刑龍
隱有宗儀与張覲閔杞諸人名

閔杞字蔚宗會稽人熙寧間提舉常平先
是有提刑余藻与其同時人遊諸山允所題
名多杞与藻手筆

王祖道字若愚福州人以直龍圖閣知桂
州蔡京開邊祖道誘王江酋楊晟免等使

納土張大其詞言嚮慕者百三十峒五千九百家十餘萬口宜開建城邑制百蠻以武臣為守置溪洞司主之詔以為懷遠軍且頒諸司使至殿侍軍將告命使第補其首領置二砦為立學又開置允格第州与張莊先後其事共要官賞

張莊者應天府人字正民為廣南西路轉運使希祖道旨鋭意拓邊尋代祖道以集賢殿知桂州自撰平允從州城寨記歸功

祖道論者以為虛美中書舍人字文粹中
言祖道及莊擅興師旅啓釁徼功妄言諸
蠻效順納款得地當時柄臣攬為綏撫四
夷之功奏賀行賞張皇其事自昔欺君無
大于此朝廷既追貶祖道莊責舒州團練
副使永州安置再貶連州其後有程鄰亦
襲莊迹而起
程鄰字欽之鄱陽人也父節紹聖間帥桂
繕修逍遙樓更名曰湘南復於擕帝塘上

建八桂堂皆李彦弼為之記鄒代文政伕其才智欲招徠外夷以視廣土遂建築隆兊之議論者以為得不償失大氏祖道及鄒皆以拓地受上賞而朝廷受其做云祖道与莊及陳邁諸人遊龍隱者二祖道被召与莊遊清秀者一龍隱有鄒小像彦弼贊之曰玉立千仞陂注萬頃神抱天倪明韜內景卷舒幄籌閫開纛嶺聲綿纒斗南功篆金鼎又有崇寧間獎諭敕書文多不載

節字信叔有与米元章往来詩鄰則無足
稱者
陳遘字亨伯零陵人轉運判官從王祖道
遊龍隱遘在真州曾收治花石綱擾漕河
者風裁凛然後死于山中之難閤達与弟
迥皆零陵人
米芾字元章其先襄陽人建中靖國元年
真州東園以詩送教授推官李彥弼蕭簡
桂帥程節々亦有詩答之彥弼将芾与節

所荅并鑱之龍隱巖伏波山鑱有芾小像
旁有芾与潘景純熙寧七年同遊名備考
其年是時芾僅十七八歲方信孺謂其尉
臨桂來遊疑無是事史与天肇々所為芾
墓志但云尉滄光題名或好事者為之信
孺好奇力辨非一像有高宗賛乃芾曾孫
秀實為靜江府支使所攜至者景純嘉興
人熙寧間曾知永州

李彥弼字端臣廬陵人才藻横放恒自擬

李翰林白然撰製特尚新奇亦其癖也在桂當程氏父子之間作湘南樓八桂堂築允州三記皆修麗可觀父曾与曹邁雲遊玄風洞有長律鐫之壁乃其子昂霄書大氏彥衡父子皆喜效米芾書米亦有送彥衡教授桂林詩留桂最久其官惟見稱權通判桂州軍疑或止此吉志僅載其科名不及其為人必負才陵物不為鄉里所稱道者時從事周刊記釋迦寺然才微遜李

謝勲字致遠建安人政和三年春与同時李温田永年裴峣楚執規楊書思遊雉山及疊綵之石門洞勲舉進士而有軍功其破黄安俊親擣巢穴擒安俊斬之以功轉右武大夫建寧志謂其膂力過人云

朱輅字國器郴州人政和間曾与韓請諸人遊龍隱

吳億字大年蘄春人灕山之水月洞及龍隱皆有億所篆但自稱為谿園居士

沈起字興宗以天章閣待制知桂州先為
轉運時与提刑章峴遊隱山
劉彝字執中福州人直史館知福州龍隱
有彝与張覲諸人題名桂自蕭注始建滅
交之策其後起彝相繼欲規以為功交因
寇邊寖不可制事聞貶起團練使安置郢
州從秀卒彝貶筠州團練副使安置隨州
又除名為民編穎循州從襄州
洪彥昇字仲達饒州樂平人嘗辟廣西經

畧府或稱其才擢提舉常平御史中丞石公弼薦其提舉廣西學事與譚掞及其鄉人程鄰以臘月遊龍隱

李昇之為轉運副使與譚振尚肅之黃鐸遊伏波有時乘月泛灕江明日以詩視章峴峴欣然為和宋史趙良嗣傳言良嗣已竄柳州詔廣西轉運副使李昇之即所至梟其首

張徵以監察御史亦臨斬童貫貫時竄吉

陽軍澂於桂聞貫未至乃往南雄誅之澂有龍隱巖詩

董必字子彊宣州南陵人時章惇与蔡卞將大誅流人遣呂升卿往廣東必往廣西察訪哲宗既止不治然必所至猶以慘刻按脅立威謀遣人渡海害蘇軾以具屬彭子民泣諫而止必与孫覽諸人一宴遊雉山

蔡懌字樂道膠州人宣和間知桂州伏波

七星曾公龍隱皆有所至之迹与之遊者提點刑獄尚用之仲明廉訪使者張洵仁仲又有清源劉鎡逢時晉江呂汴子會祥符馮元震亨之襄陵侯材晉卿蒼溪王蕃子宜

張洵浚儀人

許彥先字覺之南雄始興人累官殿中丞遷廣南西路轉運使熙寧六年与張覲諸人遊龍隱彥先自題名于石其官稱但曰察訪廣西公事似以使至尚未為轉運時

也

林保字范民鄞人兩辟主管機宜文字時将士卒俘平民冒賞保覈正之全活爲多家居十餘年安貧著書後官至權吏部侍郎假本曹尚書以敷文閣待制奉祠伏波山有保宣和庚子同三衢毛子嘉等所題名

灘山人曰老子有言治大國若烹小鮮嗟乎大國尚爾況理小國者乎又云小國寡

民使有什伯人之器而不用使民重死而不遠徙雖有舟輿無所乘之雖有甲兵無所陳之信斯言也蓋莫若以簡靜弘風教哉况桂全部曾不當江河南北一大郡山童而不材水淺而無所畜加以苗夷時肆毒螫不有長者護視之寬其徵發薄其調斂苗非深入不輕議兵民胡以有樂生之心一反此道騷然煩費欲求安富何日之有故曰民之難治以其上之有為是以難

治民之輕死以其求生之厚是以輕死夫民輕死則難乎為上矣至謂佳兵不祥孰謂伯陽而不達于治國哉漢文最稱明主曹平陽亦賢相國畧用之以臻清淨之治宋因制法要在保明民如傳中柳開縣卒不應條収下御史獄胡宗回妄繫平民至死亦罔不按以劾祖道諸人伸國威以恢王畧何不可者宋史力詆其非似皆不能生進此道者也或曰子儒而談老可乎曰吾

桂小國也簡靜者是使桂樂生之方也是孔老之所同也不然何以敬簡臨民之言爲然也

桂故第五卷

先政下

宋自寶禹沒於金源翠華飛於浙水土宇既蹙干戈是尋內則有戰士之奉外則有虜幣之徵視昔全盛不能稍減加以盜訌其中潭衡而南半遭鈔掠曹成且逼幾被蹂躪桂事亦孔棘矣不知當時羣公所以安集本土捍禦外虞上之給國賦下之紓民力其策安在況吾桂西南舉足夷境其

人恒偵伺中國盛衰以為叛服民或咨詈吏必陸梁一夫盜兵闔城扞食寧得揆吉日休公事偕我同好稱彼兕觥方舟而泳清川建騎而窺碧岫以行樂哉故觀司府之雍容則知閭閻之暇豫厥後增樓櫓以与天翔浚池隍以絕地脉財不告詘民不告病天下諭〻為元滅宋桂獨守義効之以死不由羣公當假擾之秋施綏輯之政能致此乎惜無紀述令人繙書而重慨焉

周因字興道浦城人建炎間直徽猷閣知桂州先是因任湖南轉運使上語及谿洞事對曰有邊事邊臣之福無邊事朝廷之福時初得燕薊故語及之因在桂曾遊屏風山与栖霞洞其名在屏風

李彌大字似榘吳縣人知静江府奏廣西邊防利害甚悉上多采用之召爲工部尚書廣西提刑韓璜劾其在静江日斷盜引紋入斬坐貶兩秩曾易栖霞洞名曰仙李

其客尹穡為之銘文甚清警
尹穡者字少稷嘗侍其父于桂官廨故有
仙李銘仙蹟記皆在栖霞洞中龍隱亦有
尹温叔所題字云子穡侍遊温叔即其父
也穡後官殿中侍御史歷遷諫議大夫力
主和議論者多非之
劉彥適字立道紹興初知靜江府与陳堯
董莽趙子巖孫覿遊曾公巖是時孫覿自
象州放歸道經于桂諸人以其有時名樂

与之遊兗字景淵子嚴字少隱

董棻字令升叔文逌以博達聞于古書畫尤

所精鑒今世傳書跋畫跋皆逌所論著棻

世其業著述亦廣有廣川家學燕閒常談

諸書棻与孫覿遊時為提點刑獄

張宗元字淵道方城人事在趙鼎傳鼎以

檜惡徙居吉陽軍三年門生故吏無通問

者宗元知靜江常遣兵校渡海往視餽米

醪者相繼七星山有題名所与同遊路彬

曾幾方滋劉昉皆閩人
路彬字質夫晉陽人為提刑時上章乞減
廣右上供布錢見桂人張仲宇所為盛事
碑中
曾幾字吉甫贛人也紹興間兩為運判一
還副使治尚清淨不携土物人稱其廉贛
志謂幾為文醇正雅健尤工詩
方滋字務德桐廬人其在靜江于諸遷謫
客為營護遂物故者少移番禺亦謹事檜

嘗製異香蠟炬遺之檜聞其善視流人謂有覬望意偶問所親以其人善對乃已檜死坐罷隨伯異銓召還感滋舊志延譽朝右滋因得復職諸山有方洪字稚川亦桐廬人必滋弟也

劉昉字方明潮州人先侍父允在桂官邸昉時尚幼不及遊諸山最後從蜀還潮泊舟伏波山下聞復湖南帥之命乃自題伏波山志其事潮志稱允其學該貫歷有吏迹第

不及在桂為何官

劉彥登字允升廬陵人紹興間通判靜江府帥方滋雅重之比滿裝行滋為祖道文命僚幕中宴為別在坐十有四人內程佑之字升夫自洛陽家此蓋二程之後其人亦以學行為桂人所推重其名俱在北郭外望夫山

呂愿中字叔恭知靜江府諸山多有詩詠事檜以李光胡銓為檜所怨兩人並貶在

其部内愿中欲構害之以快檜即奏光在貶所与胡銓詩賦倡和譏訕朝政乃移光昌化軍他日又妄言秦城驛有王氣率桂衣冠為詩頌檜且欲致推戴之意諸与遊者劉襄朱良弼葉仁陳廷傑亦阿愿中意至改中隱山為呂公云寶積山諸葛亭下亦有嚴白呂公不知何呂也

汪應辰字聖錫信州玉山人通判靜江府踰期不得代乃沿檄歸省其母史稱應辰

剛方正直敢言不避嘗一遊龍隱給清秀巖僧劉日判府狀元汪公應辰少年舉進士第一同知樞密劉珙言于上曰汪應辰陳良翰張栻學行才能臣所不及其為名流所稱引如此

張孝祥字安國歷陽人英悟絕人紹興中廷試主者首薦檜子上親擢孝祥第一後積官集賢修撰知靜江聲績日茂尤以文翰為當世所歆羡至不敢名但稱紫薇云

以孝祥故紫薇舍人
張維字仲欽延平人同時張孝祥有才名
与維同官建康獨器異維賦朝陽亭詩以
贈之孝祥知靜江維為提刑兩人相得驩
甚同遊山水多有題詠及維代孝祥知靜
江孝祥因改水月洞為朝陽復贈以詩用
申前期維亦改玩珠為還珠以孟嘗比孝
祥又題中隱為張公洞以致戀别孝祥之
意維開西湖潛洞与張公洞記皆其里人

曹揔書揔後以朝散郎知衢州維一字振綱見延平志
范成大字至能吴郡人乾道閒知静江首奏裁漕司行塩不便民者次禁部内勿得暴露遺骸仍籍記僧道舍歷年寄棺無主者葬之遣官以祭其文曰維乾道九年歲次癸巳辛酉朔二十五日乙酉朝左奉郎充集英殿修撰知静江軍府事提舉學事兼管内勸農事充廣南西路兵馬都鈐轄

兼本路經畧安撫使兼提舉馬買吳縣開
國男食邑三百户賜紫金魚袋范成大謹
遣左廸功郎臨桂縣令陳舜韶左廸功郎
司法叅軍鄭鄖以清酌庶羞之奠祭於新
塚諸君之靈嗚呼聖人有言卜其宅兆而
安厝之則凡死無宅兆者不得其安可知
也形魄降於地骨歸復于土然後其䰟氣
無不之也故曰人死曰鬼〻者歸也不得
其安不得其歸䰟羇而無託天下之至悲也

桂林之俗或不葬所親寓其骨於浮屠而
纇莫洫也与夫遠遊客死遺骸委骼狼籍
散亂而弗收者不知其幾也嗚呼若爾諸
君生何罪于天而今乃至於此也太守之
來惻然動乎其心若己手之而棄也屬吾
同僚出公帑營燎剛寶覺華之原鍾官之
墟鬱然砥然以為諸君之墓隧也舉凡無
歸之骨而竉之域于前列者有官君子也
分封于兩旁者姓氏不傳冥漠君之類也

祭之雖非其親藏之雖非其里有以安之而歸之何異于其親与里也日吉辰良有芬而酒旨魂兮即安無南無北無東西也牛羊弗踐樵薪避焉詔於終古勿毀勿夷也嗚呼良哉成大帥桂可紀者非一以斯事史不載故特著之

張栻字敬夫廣漢人家世學業具宋史中其知靜江籍諸州縣卒教以戰法又時檄諭溪峒酋豪弭怨睦鄰毋相殺掠徭与諸

夷無敢為梗以乃繕飾堯山虞山祠時与賓佐臨眺山水其留題頗衆又有勸農詩二十四章以多不能錄弟杓字定叟亦官帥幕龍隱有杓与其甥甘爽同遊名

鄭丙字少融長樂人性勁直特欲以直諫顯名于世又孝宗在御喜納言得丙所奏請汰冗濫章制下亟行如丙奏廷臣側目己乃因事劘切上上不謂忤尋以駁陳龜年女獄詞及阻韓子師援曾覿起廢兩事言

者詆為賣直上不聽召丙諭曰朕自喜給舍得人矣丙立朝風節類此其官廣西范成大張栻樂与之遊名在栖霞水月洞宋史以其論道學事遂薄丙為人極力指斥然亦不審于名實之辨矣

梁安世字次張括蒼人屏風巖有安世詩其自序云与范成大同舉進士曾于彈丸巖賦乳牀賦曰吳中以水為御嶺南以石為州廞惟桂林巖空穴幽玲瓏崣峩磊落

雕鏤欲縻繩而篝火窖糧絶而道攸石有
脉其何来泉春夏而滲流積久而凝附贅
垂疣或蟿斯鍾或振斯裘或蓮斯範或甾
斯抽或胡而龍或脊而牛或象之嗅或毫
之浮或麟其角或馬其騶或躍而魚或攀
而猴或粲金星或羅珍羞或肺而支或臂
而瘤或釜之隆或囊之拔或瘤而膝或疊
而丘或鑿圭竇或層岑樓或賈犀貝或農
鋤耰或士冠纓或兵兜鍪或下上而相續

或中闕而未周稽本草之乳林特精觕之
不侔爾抑嘗以歲而計之十萬年而盈寸
度尋丈之積累歲合逾千千萬肇闢而
距今邈春秋其幾換蠟屐之士倏来亟散
詡泉乳之能堅若朝菌之暮旦孰知頑礦
天理密運自立于岱能言於晉望夫而化
殞星而鎮生公談訬而點頭初平叱羊而
爭進凡如劍如佩如紳如弁如拱而侍如
坐而盱既具人之形體蓋閱世而默見吾

将灰心槁質孱顏畔岸兀坐嵌巖之側觀融液之流轉自分及丈十百而羨高低聯屬柱擎臺建小留侯濟北之遇玩蓬萊六鼇之抃俾磨崖刻畫之子孫當語之以老人大父之貴賤雖蓋傾而輿穿戴一姓之奄甸倘謂癉鄉之不可久居夫豈知處夷險而其志不變者耶賦後有序曰淳熙辛丑長至括蒼梁安世拉清江徐夢莘劉昌詩柯山李秩嚴陵邵端程金華徐之茂宜

春孟浩来遊因論乳泉凝結書此刻之安
世在桂与夢莘最友善
徐夢莘字商老清江人主管廣西轉運司
文字常与鄉人宦遊桂者十二人集湘南
楼約共砥礪為詩見意且鑱之弹九巖夢
莘曾從廣西安撫幹官朝廷直与東西漕
司於境上議塩法力執廣西官搬法為便
時絀其說不三年竟復如夢莘言夢莘喜
著述為書甚多

孟浩字養直宜春人与徐夢莘同時在桂同修郷里會表志稱其廉介為文有法度先是奉新有王從言辟桂憲幕亦与其同時諸人遊龍隱題其字曰師孟奉新志稱其廉退

詹儀之字體仁桐廬人襟度夷簡自轉運知静江在桂甚久遇暇集僚屬造諸勝處故諸巖多所鐫名

陳疇其父昭嗣淳熙間通判静江時疇未

冠侍昭嗣宦邸親見昭嗣每從詹師儀之
遊及疇自知永州為廣南西路轉運判官
經水月洞覽儀之与昭嗣題名感傷追記
然零陵志亦載疇在官有善狀
劉焞眉州人淳熙間帥桂有平反賊李接
功曾見彈丸巖前平疇廣野謂可騁眺因
買以為圃繕亭造梁于其間乘暇宴集提
刑梁安世為之記
林光朝字謙之莆田人為廣西提點刑獄

范成大復水月洞銘其序中言与光朝議合乃復之光朝有集二十卷陳宓序稱其森嚴奥美精深簡古上參經訓下視騷詞劉克莊亦謂高處逼檀弓穀梁平處猶與韓並驅世亦不以其言為過云

朱晞顔字子淵新安人紹熙間知静江府晞顔為人豪爽自喜然最傾意于當世有文名者其赴桂經鄱陽留訪洪邁在桂得石屏又以遺邁得遺石屏記乃自為跋鐫

之龍隱又諸山多晞顔所題
劉頴字公實衡州人屛風山之遊以其字
与諸人鐫之壁頴于衡聲為力學
楊獬字正伯清江人名在栖霞洞臨江志
稱其有學行為其鄉後學所師法
蔡戡字定夫莆田人其帥靜江与提刑廖
壞運判吳獵遊隱山戡在府著有分野總
論至今言分野者多述之
吳獵醴陵人字德夫張栻雅知獵以平南

薄檄攝靜江教授劉焞代栻辟為本司準備差遣其後擢轉運判官及開府江陵有捍禦功方信孺以獵往為運判知其父崧卿前判運多幹畧因請撰崧卿祠碑刻之龍隱文多磨滅故不載

方信孺字孚若莆田人其大節在宋史自道州擢為轉運判官父崧卿先為運判甚有治聲桂人祠之及信孺至大為增繕請吳獵記其事莆田柯夢得撰迎送神曲其

褒揚先漕如不及人以為篤孝他日于西
山擇最勝處創起館守期欲奉母皆隱其
下名所營曰碧桂山林自為之銘其文今
尚在山中又愛琴潭水石題以示志曰吾何
得此為菟裘之地乃灘山雲崖則親築軒
于崖之陽乘興獨往〻則必留曾語守軒
僧了真曰先祠在永寧去此不遠庶幾神
靈謂不肖孤在近或喜得暫依也間屏騶
從小休軒下伸帋濡毫有所撰述不移時

草具當其得意處望崖而歎曰平生方提
刑以好山水聞孰信兹山寓筆研哉最後
以提刑至故于桂諸山探賞殆徧製文賦
詩曾不停思然亦往往有宕逸之氣其典
學厲士宜州多紀之其龍谿書院圖与養
士田記中
張自明字誠之江西建昌人治行在宜州
甚著或有稱其仙去者盖以自明雅好仙
故爾桂諸山多自明所鑱詩

鄒應龍字景初邵武泰寧人舉進士第一嘉定間知靜江龍隱有与客同遊名應龍後官至端明殿大學士知樞密院事權參知政事卒贈少保謚文請其爲人具宋史本傳

柯夢得字東海莆田人以善楚辭爲其鄉名輩方信孺所知曾從至桂信孺請其爲撰先運判崧卿祠中迎送神曲其詞曰思公不見兮我心愁眇八荒兮遠遊嚴祀事

兮歲修幾來下兮滄留勤恤祈天兮惠澤
周如父母兮子孫謀非公休我兮我何以
休誰知公心兮不獨桂人是愛[憂]蘅杜兮薦
羞桂醑兮芬浮臨饗兮誰酢酬音樂兮和
氣流是感是慕兮無昭幽惠我桂人兮百
千秋菲薦畢陳兮歆斯鑒斯歌鼓方洽兮
送歌繼之擁翠雲兮祥風馳乘霧轂兮揚
桂旗秀峙兮瑩澌可遊兮可嬉來何從容
兮去莫追悵望不及兮天一涯化灾沴兮

景既綏願修爾兮祝事孔時其刻在今栖

霞洞

夏濶池州人嘗与弟鵬撰十三代史畧後

辟為團練推官其題遊以字彥鴻鑴之屏

風山

趙与懽字悅道鄞人曾与翁子東諸人遊

辰山後立朝有清直名拜少傅卒贈少師

追封奉化郡王謚清敏累贈太師隱山有

豊滙和李曾伯詩滙亦鄞人

管湛字定夫括蒼人為廣南西路提刑擢知靜江亭隱山曰卦德潛洞曰俟德其時提刑方信孺轉運判官陳孔碩皆一時之良故湛每遊必与兩人俱

陳孔碩字膚仲長樂人為廣西轉運判官以時醫者惟誦脉訣不知有脉經為覓善本刻之漕司

許子紹字季紹歷陽人也藻思輕雋有留題龍隱詩洪氏傳隨筆中謂子紹監左藏庫

時欲得太常丞時相抑不用乃出為靜江府通判

王卿月字清叔臨海人淳熙間以奉議郎直秘閣知靜江曾招徐夢莘諸人汎西湖列名潛洞

楊方字子直臨汀人以出按所部管湛等觴之白龍為勒其語于巖石

趙崇模字復規丞相汝愚諸子也水月洞勒有德政碑先是其兄崇憲知靜江有美

聲宋史賢之畧不及崇模大氐賢者之後
克肖固自多也崇憲字履常
張金丹陽人為轉運使時喜与郡人滑懋遊
懋鑱金所為詩於龍隱金亦自紀与懋等
名在水月
趙孟藡字君啓曾与陳鐸諸人遊中隱南
安志載孟藡知南安軍有惠愛
曾原一字子實贛之寧都人諸山鑴有与
趙希圃輩同遊年月原一博學工詩從當

世知名者結江湖吟社所著有選詩衍義蒼山詩集

陳讜字正仲莆田人莆陽文獻傳云讜于羣籍無不該貫賦詩屬文不為險語而雅有典則尤工書法其大字遒勁處不減蔡君謨彈丸巖有讜詩與其所書題名宋史吕祖泰傳中言殿中侍御史陳讜請杖黥祖泰如程松言乃杖之百配欽州牢城讜亦附侂胄者

姚宋佐字輔之桂陽人郴志云郴人与劉愈諸人汎舟西湖郴志謂宋佐有詩名然其性廉介雖兩仕而家仍貧同遊有曾倫長沙人詹儀之帥桂從遊者郡文學陳邕邕亦長沙人

崔与之字正子增城人事具宋史其為廣西提刑巡行所部即荒徼大海傳車皆徧號為匆匆不及作諸山之遊者及被旨奏事管湛餞于七星山至今刻在山中

李大異豫章人慶元間知靜江曾以勸農之雄山從容与僚佐宴語移時又嘉郡人劉晞居辰山有隱者之節為題所居曰蟄巖因賦詩以寵之

胡槻字伯圓廬陵人先曾通判靜江後以右文殿修撰為府帥篤于雅故時劉晞久歿見其子孫愴然念之追叙其往昔論交之誼書卷授之戒勿相忘仍録与晞詩晞子居顯刻之辰山槻于穿山書月巖及題

名或云穿山詩即槻作祖銓即上封事請
誅檜者槻与弟槃官皆至尚書
曾宏正臨江新淦人以直祕閣為轉運判
官諸山多其詩又以文忠節公三聘神道
碑刻之龍隱後臨川羅愚亦以其父點所
得御書并其遺像于龍隱刻焉所不采錄
具龍隱山論中
李閎祖字守約為臨桂主簿辟古田縣令
再辟廣西經幹曾与方信孺遊伏波山

徐清叟字直翁嘉熙三年以朝奉郎集英殿修撰知靜江是年九日与提刑黄自明遊曾公巖自明會稽人字明仲尋於淳祐初亦知靜江先是龍溪顔頤仲于嘉熙二年亦帥桂与長沙鍾震為龍隱諸巖之遊頤仲字景正
范應龄字旂叟豐城人歷仕以清直聞為廣西提刑盧陵羅大經時在幕下親得其為人見大經所著書中大經字景綸

鍾震字春伯長沙人与劉顧仲范應齡遊
諸山震嘗刻文將之登峨眉亭兩詞

董槐字庭植濠州人定遠人官至右丞相兼
樞密使事在宋史龍隱巖有廸功郎監廣
南西路經畧安撫司犒賞庫門生陳弥壽
所為德政碑以磨滅不可讀故不錄彌壽
字仁父衡陽人

李如生字寶之吉水人与臨江劉正之豫
章黄銖宴集龍隱正之字子正銖字公權

如圭正之後皆有聞魏郡王子羽時亦在
坐
趙師恕字季仁端平初以朝請大夫直煥
章閣知靜江勒詩穿山乃其去官与僚屬
别者龍隱亦有郡人秦祥發所為師恕碑
羅大經曾從師恕遊栖霞洞賦詩師恕聞
之長樂人白龍洞曾宏正題名內有三山
常挺〻亦閩人後官知[至]參知政事
李曾伯字長孺河內人淳祐九年知靜江

府兼經畧安撫使其後以湖南安撫使兼廣西制置使司移司靜江府踰年以廣西經畧司官屬改稱制置司官屬曾伯城築關隘訓練民兵旁及峒丁申嚴防遏開慶元年進曾伯觀文殿學士曾伯先後帥桂故諸山鐫題頗衆後往坐元兵從他間道經部內曾伯嬰城自守不能備禦罷去家于嘉興然曾伯于宋末所在扞邊足稱勞臣矣或惜其見忌於賈似道云

胡頴字叔獻湘潭人自廣東移節廣右与
李曾伯先後在鎮築浚城池其勞居多有
提刑章時發所撰記在城北寶華山文漫
滅不可録其圖尚在
楊允恭字謙仲長沙人為道州教授時呉胡
頴移湖南允恭上謁頴以其夜坐歷驗無
鬼語允恭允恭對曰以為無則無矣從而
祭之則是又疑其有也頴甚善其言允恭
在桂從李曾伯遊龍隱巖間有趙畲天俞

仲全州人

徐敏子黃岡人提刑淮西以貪削秩安置江州後起帥桂復以劾罷久之給事中張鎮上言敏子肆殺黷貨流毒桂府詔仍舊羈管敏子先以奉使至桂題名伏波山

呂師夔宋末帥桂聞其叔父呂文煥以襄陽降元上章待罪乞解所任不許久之召赴闕諂賈似道即以師夔權刑部侍尚書都督府參贊軍事任中流調遣命下二日即

遣人詣蕲請降閫人朱禩孫亦嘗帥桂後
擢荆湖宣撫以江陵降元吕与朱並以其名
題之山
朱廣用以建康都統制調戍桂刻其所得
賢勅于華景之壁其文曰勅廣用蠢彼徒
戎敢干王略肆猘狂之侵軼秉邊塞以繹
騷蹂躪蜀淮窺闖襄廣翹萌芽微霜雹自
速天誅陳師旅如雷霆維揚我武賴閫臣
之指授暨守將之扞防張貔虎之威厲熊

罷之士聯首尾而相應一心力而有勳凱奏屢馳狡謀莫逞然焦穫尚為整居之計幕南未聞遠遁之期欲底肅清正嚴備禦斥候望烽燧不得卧將吏被甲冑不得休暴露郊原蒙犯矢石屬此沍凝之候可勝勞苦之情霏雪未思深念采薇之戍多寒樹勉廢同挾纊之温夫推恩施惠則人忘其勞均食同服則士奮其勇咨爾統戎重任體予當饋之懷勤務撫循俾皆豫附各

效摧鋒之力益堅敵愾之忠蕩滌腥氛請
安疆場佇戰多之来上廑懋賞以報功故
茲撫諭想宜知悉汝比好否遣書指不多
及廣用謝表亦以其表附刻敕下李曾伯
隱山之遊廣用及汪光皆豫焉汪光亦兵
帥龍隱又有總制出師軍馬夔路馬副軍
副總管諸人之刻具名並劖去之豈以在
戍主客相嫌不用約束戕或殘忍不戢為
桂人積怨故也

灘山人曰南宋遊者多書諸山大畧具是矣終之以兵卹何夫治亂遞乘譬之糺纆兵蓋士大夫所諱言者設令邉圉檄飛山亭烽舉可遂不下堂皇以却之耶手握籌策躬擐甲冑本非所習其驅之前列者又多市人望風而潰亡足異也不得不篤言主兵脆弱借之他所及客兵集而禍有不可勝言者遠則龎勛之廻戈近則昭州之擁甲比非其覆轍乎諸衛將校世授爵秩

高皇帝任以禦侮為萬世之規豈獨行一
時之賞哉一謂將門出將不煩外索一謂
生長彼中能其水土且山川險易技擊長
短皆習知之幼誦韜鈐于武學長試弧矢
于監司又懼宴安鴆毒耗精損力則有不
得乘肩輿及挾牀上馬之條
列聖為此慮深遠矣顧久棄莫舉何誠及
今修復故事明視　令甲每當選用顓主
武健不器之以儒雅庶紈綺之態漸銷果

毅之氣益奮行之數年主兵自張猝有叵測毋煩大夫親驅士市人而戰意者具道或或在茲乎蓋兵無勇怯在將校所用尔不亟是圖至惡客帥勒名相高吁一何見之晚也

桂故第六卷

先獻

桂在前世南際朱厓西連黔府東北与楚為界地幾数千里采山水列方物充内貢者与他所驛使項背相望獨于名賢鮮可覩記漢暨六朝遠矣邇唐迄宋亦裁十数公而止雖然此其不名在山必論著有与是志相發明者不然何棄彼取此抑桂舊俗微涉不好學故曰邑有忠信不如好學

信矣夫茍好學進足揚國休退足端里議所謂文獻于是乎存傳不云乎不有君子其何能國謂之君子別于衆庶豈獨為其擁顯號高貲爾哉故因諸山畧序先獻章斯志所由起焉其或不詳蓋無所徵矣

唐

曹鄴字鄴之自云魏武之後不知從桂所從起其寄監察從兄及賈馳詩述鄴西園皆云我祖即名字並取鄴必其後也頗慕

建安七子詩故其所為亦多古體大中間進士及第歷祠部終洋州刺史然鄴始為太常博士時相高璩白敏中相繼薨鄴建言璩交游醜雜進取多蹊逕謚法不思妄愛曰刺請謚為刺又責敏中病不堅退且逐諫臣舉怙威肆行謚曰醜鄴之持論不阿畧見兩人傳本家陽朔後居桂城阜財坊〻在市西門其時令狐觀察以鄴所居改為還鸎坊鄴於桂有碧潯亭宴上詩唐

兩詩人家桂州其一名唐字堯賓太和間
進士曾辟為府從事
趙觀文臨桂人乾寧二年狀元及第陳太
保可環擁節南土改其所居坊曰進賢以
表之觀文起自遠所入取高第意欲藉以
涉要地多所幹濟值宦寺竊柄大盜蜂起
遂歸家賫志以殁郡志謂其官終侍講則
不知之矣至今堯山虞山兩廟有觀文祭
器碑

宋
張仲宇字德儀臨桂人紹興閒里人黄齊
以知昌化軍入見上請增郡所舉士比前
多二人又見齊言析布事里中稱便仲宇
美之記其事于中隱巖壁其文曰桂林為
廣右二十五州之都會風俗淳古分野亭
圄自秦漢以来無干戈之患和風所薰山
川秀發城北七里岡嶺盤紆即始安原脉
熈寧初頻有祥烟紫氣欝葱其上父老異

之而莫之識未幾果符今皇帝建封茲地中興海寓驗今推昔信芒碭之雲不爲虛應也崇寧間尚書王公祖道來帥是邦念郡庠湫隘風教未敷乃闢而廣之誘進學者又採堪輿家之説泮子癸之流以注辛戌環城有水如血脉之縈一身遂聞之朝故大觀二年准勅著令壅隔新泮者以盜決黃汴二河堤防法坐之距今應舉之士十倍前日鄉貢舊額八人而已秋闈校藝

主文者每有遺才之嘆紹興二十六年知
昌化軍事黄公齊邦之先達也入覲宸
首言静江屬興王開府聖澤所淪士才日
茂而取不及下郡之半乞稍優之上可其
奏增解二名先是憲使路公彬上章言廣
右土産瘠薄乞減静江夏税上供布錢以
寛民力然不及軍裝布至是黄公復乞之
上亦依奏迨今二年足輸一縑二傒之請
也昔子産為政于鄭輿人誦之曰我有子

弟子産誨之我有田疇子産殖之若此邦
之民沐聖恩寬惠膏澤涵濡皆二三大夫
推仁教養之意而獨無志謹書其事鐫于
名山傳之于後于以昭示来世爾潛洞亦
有仲宇記范公成大諭民及時舉葬文蓋
其人以文名于時者齊字義卿舉進士初
尉冨川歷知昌化軍与廉州以能吏聞仲
宇官爵無所見自仲宇後四十餘年乃有
張茂良

張茂良雅有著作才又篤耽古故為文氣
高語潔削去宋季朽瑣之態惜時亡傳者
獨語有灕山所刻為廣西經畧顯謨趙公
德政頌序曰紹定四年秋有詔帥廣西趙公
進直顯謨閣易鎮婺寶婺桂人德公之久
結戀不釋即無量壽佛宇西偏肖像建祠
寓其去思猶以為未足乃相与誦述善政
刻之水月洞石崖比石永存德名不朽公
丞相忠定公之子名崇模字履規屏翰哉

邦六閱歲紀政先仁恕鎮靜不擾損利予民恩惠周浹本端末整闔境晏清利人享和平之福形諸歌頌理則宜然頌曰帝奠區宇粤居南土連帥之尊桂其治所始時桂人憔悴数罟詔公于蕃拯其疾苦宣上恩吉滌以膏雨疏剔蟊蠹民胥蹈舞喧喧歌謠謂来何莫帝曰嘉哉寬我憂顧賜璽增秩事循漢故維公之德不茹不吐施于有政威以仁寓安民之安弗庸鈞距耘耨緝

續倉箱筐筥賦爾代輸屢捐帑貯環堵晏
賑吏毋扣户平價發廩以哺饑阻斂散循
環邑有高庚攻堅易朽加惠黌宇有美南
軒紹其遺矩吁差先賢魑魅是禦揭祠蒸
嘗蘭籍椒醑風化所繫人心起慕什伍其
旅廼搜廼補築室萬楹蠭屯分部粵俗機
鬼妖巫猰貐發摘竄斥絕其根緒鄰荒民
流襁負藍縷賦粟結廬于時處處棲斂道
殣分命緇侶嘬免狸呐惠及齒腐鑿石他

山康莊坦步虹梁廣濟屹若砥柱南渠可
舟濬堙疏淤潭〻督府匠石斤斧麗譙凌
雲鐵甕安堵參帶改觀水亭坡墅游及所
及百廢具舉民不知役約居有裕江閩湖
湘跳梁狗鼠踰嶺以南寂然桴鼓莫猺島
居種蔓盤瓠易擾難安頫首要附為改以
德計效如許稚耋相告公我父母今舍我
去如孩失哺我言匪私感在心旖俾熾而
昌奚斯頌魯公壽無疆受天之祜爰作聲

詩磨崖江許崖石巖〻昭示千古頌後列
茂良仕為潭州善化主簿才高位詘識者
深惜之後有秦祥發然非茂良匹也
秦祥發端平間為廣西經畧安撫煥章趙
郎中德政碑其畧曰端平更化一洗貪俗
惟廣右邊郡去天萬里貪官黷吏肆毒猶
熾郡將多右班寡廉鮮恥抑又甚焉人〻
無不思得賢帥為上宣德意振桂所急判
府經畧安撫煥章趙郎中下車之初不假

外羡不沾虚譽問民間之疾苦詢官政之
得失知鄉民苦于征求規畫便利亟与蠲
正其有事詣府者尤苦胥徒居中多方留
難公皆汰去之又嚴約所部官吏勿殖貨
厲民賔守不如約風令自上祠以去賔人
繪公像祀焉賀時有他盜公即為之調兵
往捍賀得以無恐宜陽兵變亦賴公應時
平定公諱師恕寓居長樂曾宰餘杭倅常
德守荆門持節夔子湖右剖符江西宜春

所至有惠政民皆德之刻石七星山祥發
于文後自稱鄉貢進士先是紹熙中有滑
懋所生介在二張之間亦莫考其名位所
至獨有跋張金七詩
滑懋者其先自洛陽来家于桂懋則桂人
也以文學為轉運使丹陽張金所器接以
上賓金常偕懋及諸僚幕泛舟灕江徧眺
諸勝明日獨以所賦詩視懋懋感其意刻
之龍隱復為之記曰紹興四年秋丹陽張

公来主餉事公家世人物文學議論推重
一世而尤精于吏道始至思有以廣上恩
蘇民瘼首議般鹽額于支郡以杜
送使於總司以寬漕計次則閣版籍
之負教編户之稚津送落南之孤以出領
置腰鋪增驛卒鑿井植木以便道塗之往
来凡剔蠹櫛弊鋤奸扶伏無不順民所願
欲其歷懇倦至疑若日不暇給而公乃從
容如平常間則与客登高訪古賦詩飲酒

以極其歡懋間亦綴在席末公嘗手書是詩以見遺翰墨芝寒照映圭蓽求觀者迨今其未已蓋公之詩精深婉轉能寫難狀之景如在目前含不盡之意見於言外如前修所云者故一言一句人以爭先睹之為快是用鑱諸巖石以傳示方來時公以中秘帥東廣去桂蓋踰年云懋字和仲因金水月洞題名始知為桂人

辰山隱者劉升之或曰睎其名也有雄巖

兩字在雉山旁刻劉晞書按晞以明始升為義或所云殆是桂雖多山其依巖結茔非游僧則方士里中士人託以遯世者絕少晞獨居辰山又先為諸生時師桂呂愿中強晞共賦秦城王氣詩晞不與賦後師李大異聞而嘉之題辰時之巖曰贄或又曰贄龍且為二詩以旌晞同時唐瑜胡槻皆為之和清巖有朱元順見禮于張孝祥似亦山居者

唐弼字公佐張栻帥桂時弼与里人蔣礪李化皆從之遊舊志載栻祭秦致政文秦失其名伏波山有秦舜鄉李南夫淳熙甲午紀遊南夫乃化字則舜鄉必致政字也辰山刻弼和經略寺丞贈劉升之二詩弼与蔣李三君必當時里中名士栻于曾公巖亦刻有三君名先是歐陽闢當熙寧元祐間亦有名闢靈川人

歐陽闢字晦夫早從宣城梅聖俞學詩因

以知名蘇軾海外還贈關有詩特為石康令海陵曹輔提刑廣右偶遇關玄風洞亦有贈關頎獨不得見關所為詩僅存關劉仙巖記唐少卿遇仙事而已因附之羣公之末

唐全龍躍名見栖霞諸山復有陳方彥張大成白求暉于周唐世則尹士通胡師文黃澤廖顒秦光孝經余亮張伯通馮傑劉敏孫璋陳德仁黃宗賢尹紹先諸國昇秦

藻唐文雅于邦傑周汝礪丁長民劉上德李用章張子翼賈守真傅阜輩惟陳方彥故武翼大夫李經故助教于邦傑則進士然皆莫能緣名可擴其實者

灕山人曰余傳先獻好事者將謂畧夸寶而乘浮華似矣然士固各有本寶也抑人有言玉產山潤珠生川媚士患所懷寶或匱爾審得其真其精雖（光）與天地敝可也曹先生碧濤亭詩與善化薄君頌皆吾桂所

未有夫豈無本真哉學不積文不茂故曰
不如好學若曹先生豈直以文翰華國哉
亡論相國擅勢以逞其子弟姻親根據朝
署躡迹持柄者非其門生則其故吏曹先
生哉一太常博士爾又南中孤生獨持正
議駁兩貴謚至今讀之猶使人不寒而栗
假令當開元佐明皇其勁風直氣与曲江
公方軌並鶩無不可者乃郡志猥以文士
抑之下列彼惡知曹先生哉彼惡知曹先

生哉

桂故第七卷

游寓

桂与湖南水道相接，風氣不殊，非四夷之境可投畀罪人者。唐間有之，蓋以朝貴列華要，一奉嚴譴，走畏塗，即近在三輔，亦嗟失勢，况江嶺以南乎。至宋則多屏之昭象州郡，遠且惡也。曰遷謫，曰安置，所坐各有名，故不復鈎校其案，与其人行事，惟行李所經，間有屬詠，及從是中士大夫游名著諸山者畧掇為傳与夫方外緇黄之流或標筆苑之鋒或藍華裀之末又或以老壽謂有道術身曾栖山或足迹一再至故亦得附見或曰寄寓獨無游士何曰唐桂府例得辟舉宋諸闕官惟軍府所選補又可署攝游者入境易注名于官簿如唐楊衡戎昱李商隐諸賢雍容幕府非浪寓也而他或寓者于山川不相涉故不志

唐

宋之問字延清汾州人与同時沈佺期比律揚藻各擅麗則齊名朝廷曰沈宋云在桂詩數首多思歸之嘆則以侍從日久希恩戀貴不自知止足然諸詩最淒切可諷与應制教異亦得之遠徙者為多自宋相傳真山觀乃之問遺宅今觀亦失所在

宋

黃庭堅字魯直分寧人以羈管宜州過桂見諸山驚歎奇絶遂賦之詩云桂嶺環城

如雁蕩平地蒼山忽嵯峨李成不生郭熙死奈此百嶂千峯何惜庭堅是時以罪放所至督遣不得跨危峯攬飛翠如生平讀書石牛洞与徧署鳳栖巖諸石名

鄒浩字志完常州人初以章惇詆浩狂妄羈管新州徽宗立召還後為蔡京所惡謫衡州尋竄昭州有重經雉山詩

孫覿字仲益毗陵人早以文得名其四六与同時汪藻並出諸著作右覿以罪謫歸

州後再安置象州則坐尹臨安無廉聲焉比蒙赦還劉彥適董莽諸人招游諸山覩自紀游于鐵牛寺藏院觀無盡老人畫像初寮道人所題榜無盡老人乃故相張商英初寮則王安中也商英蓋未至桂僧院以商英素事佛故多繪其像安中先覩亦安置象州或曰安中所題榜即今獨秀山有宋顏公讀書巖數字則其篆也安中亦文士

折彥質於桂有超然亭詩亭在西山當時以最勝聞而彥質固嘗以宣撫揔十餘萬師扼金人於河上師尋潰者蒙死云幸何論竄南為乃後坐趙鼎姻黨安置柳州豈前潰大勢適然後逐波及也彥質簽樞密權參知政事自柳州赦還復其官史不立傳或以師敗故瓊志又謂其曾謫居昌化軍此詩亦云過海豈往反昌化時耶

郭顯者不知何所人居桂南溪之劉仙巖

一稱住山道民一稱南溪郭顯然卒無可蹤跡之者獨有南溪卜居銘首言士大夫以金虜之故多南遷似避地中言志在神仙似方士末言榜揭歸去又似棄官入山者迄今莫知顯爲何如人也顯銘自云泌源郭顯蓋今泌陽人張孝祥在桂其客有郭道深朱元順又嘗与道深訪元順所居清巖元順必山居可稱者惜皆不見其名或曰道深乃顯字華景又有蔣詩翁亦宋

人
趙夔以二十四巖洞歌鐫南溪之穿雲巖歌非奇作或以其揔括附近諸巖洞名故鐫之或謂夔為趙贇良又有詩贈海陵佘公夔自稱曰漳川居士山間諸詩惟玄風洞所作足自立于宋人間郡志謂夔自南遷北還經此夔蓋亦紹興中還者所云贇良或其發身之科然皆莫可考矣時有將仕郎劉振為夔書巖洞歌其書髣髴顏真

卿多寶塔迹振字時舉臨川人

方外

僧智深唐垂拱三年爲合浦令呂興記灘山陽所鐫佛像書亦出智深手其書与貞觀間吴人朱子奢相似乃智深名不振豈以爲僧或隔在遠所也

寶珍宋西峯住持僧喜學篆筆持雅勁其時桂府貴游有所勒石必引寶珍篆其額今雉山華景鎮南峯皆有寶珍筆

了真亦宋嘉定間僧方提刑信孺嘗過灕山憩了真所居愛其居後青壁廻秀每至必臨顧良久亡何捐奉獨建雲崖軒于其處他日信孺至喜而賦詩且曰後世誰相知方生筆研寓哉了真隨奉信孺詩刻之壁復為之跋張孝祥記朝陽亭亦有僧了元名

元在菴主人亦宋華景洞居者洞有石堂歌伏波山光月亭亦有詩雖乏高韻然其

人似游方以外者名字俱匿莫辨僧与道或以為蔣詩翁然歌指大氐禪者緒言也故槩列僧中

宋諸僧又有紹簡者劉誼當時中与之遊張自明游清秀巖亦有清一著詩話一卷者曰德淳方信孺言西山資慶寺僧紹言有米芾所与詩郡志著桂僧景淳亦工詩此方又有齊月仲修仲堪了達祖華西山海印大師賜紫日登似能皆住持諸山者

而霽月則有黃通判照所贈詩尚在雄巖中

軒轅彌明唐元和中在南嶽与進士劉師服校書郎侯喜夜聯石鼎詩昌黎韓愈奇其事叙之以傳且曰彌明蓋隱君子也桂州堯廟有彌明開元二年謁廟詩自宋鐫石在今郡學中彌明往来湖湘間多止衡嶽人因謂之衡嶽道士始遊桂時必年二三十至元和七年殆一百二十餘歲竟不

知其所終同時虎丘有清遠道士自為詩述生商周之際則二千年人也顏真卿序而刻之虎丘且頌以詩或曰即彌明其後羅浮又有軒轅集亦數百餘歲何唐兩軒轅並以壽稱而彌明獨有兩詩傳于世

劉景字仲遠臨桂人曾遊京師館賈相國昌朝宅二十年後歸家入南溪山即山南巖以居自稱大空子提刑李師中往訪之留詩于巖天台張平叔是時隨陸詵居桂

亦過就仲遠以談爲作眞人歌贈之仲遠亦自著有金玄歌後年至一百十八歲乃終里人名所居巖曰劉仙旁有仙跡巖相傳仲遠禮斗處其石上至今有足跡余先生其名与里居無可考居劉仙巖講求仙術巖有趙賢良贈先生詩賢良即趙夔余亦自著有金液還丹歌平叔悟眞篇自宋及今祖述者衆眞修者皆宗之故不具論

宋道士鄒次洪李可道以遊山附名張子真李道隆以建築立碑玉笥山胡銓平以隨潮陽鍾大鳴至乃若真山黄行觀正悟師舉雖號出家然並以職名羈縻官府者灘山人曰唐宋於前代見謂有道至遇遷謫無足言者乃我

明獨矜全之德何盛也夫士起南畝謁北闕解褻褐列冠帶内則備侍從外則領州郡所以為士人光寵者何厚一有不肖之

迹輕在流竄稍重遣戍　廷論明白不復追按其以言事忤　旨或權貴侵寃者旋被　召還不次顯用未有顧命遣使及授意所在恣行誅戮如唐周利貞之害袁恕己慘酷不忍言以忠厚立國如宋董必猶得希惇卞之意謀遣人殺蘇軾呂愿中誣劾李光胡銓欲致之死以快檜錢宏祖欲為史彌遠殺胡夢昱甚至如胡舜陟怒古令高登不承意建檜父祠文致登不復生

又況遷謫至者當虎口也乃今有一於是
予宋諸事皆在桂故追論之為當時游寓
諸公危并著我
朝弘貸曲全其深仁盛德視唐宋真天壤
哉

桂故第八卷

雜志

或曰：諸故備矣，益以雜，舉何？曰：夫桂阻山為固，土石相揉，物產不豐，田圃所出，僅足自奉，故其俗多儉。儉故鮮邪心，其民畏上，唯所指使。一遭多故，并力以敵王愾。及大事去，而闔城抗節，不忍有二志，乃隋已然，宋元尤烈，著在史錄，何可誣也。昔漢高帝見魯不下，謂為守禮之國。桂歷數朝大義暴白亦何慙於守禮哉嘉靖中學使吳人袁袠遊桂諸山反以名世不生而蠻種是縶為山川羞余竊憤爾時無掌故者出請陳土風与其遺事使得聽覽庶山川不枉受識至今焉參以一二平蠻碑何蓋桂僅自給幸諸賢大夫加意拊循膏雨時行猛政不施壯者畢力生計老得終其天年亦一樂國也所患為疆埸之警者蠻是已諸蠻既平民乃不驚故終之以平蠻

隋

李襲志字重光其先本隴西狄道人五世

祖避地更為金州安康人仕隋始安郡丞

大業末盜起襲志傾私產募士得三千人

乘城拒盜蕭銑林士弘屢攻之不下聞煬

帝喪乃与士民縞素三日臨或説曰公臨

郡久士大夫悅向蠻夷畏威雖曰隋臣實

君長也今四海分裂自王者非一人今遂

據嶺表取百粵何遽不若尉佗乎襲志曰

吾世隋室臣江都雖淪宗社尚有奉諸君當相与戮力刷恥豈隨衆圖不義哉吾寧蹈忠死不逆節以生尉佗不足為吾法也欲斬説者衆諫乃止遂固守凡二年力窮援絶為銑所陷襲志亦以銑故蕭梁子孫乃權依之武德初高祖賜書命其子玄嗣召之襲志約嶺南酋汞平郡守李光度潜圖歸國帝復以書諭曰公朕之宗不可与異姓比宜及子弟並豫宗正屬籍及銑平

嶺南六十餘州皆送款乃龔志誘而致云趙郡王孝恭承制授桂州總管五年來朝進柱國封始安郡公江州都督後討輔公祏為水軍總管轉桂州都督龔志守桂二十八年政尚清省南荒便之

唐

周元靜為靜江軍節度使見唐末所在兵起章表道斷明約部内守令將校各以廣農輯兵為務當侯間圖勤王四境信獨如

平時不見他盜安州防禦使宣晟亂人也以計入桂詭奪所領元靜不從与其部將劉士政率衆以戰不勝死之部衆咸就死無棄去者

宋

馬塈宕昌人咸淳中塈知欽州徙知邕〻地接六詔安南傍通諸溪洞撫御少失宜往〻召亂塈鎮撫諸蠻及治關隘皆有條理大理不敢越善闡安南不敢入永平諸

洞皆上帳冊邉陸宴然廣西經畧李興上其功加閤門宣賛舍人未幾以右武衛將軍徵入朝已而宋亾堅因留靜江總屯戍諸軍護經畧司印守城至元十四年平章阿里海牙攻廣西堅發所部及諸洞兵守靜江而自將三千人守嚴關鑿馬坑斷嶺道大兵攻嚴關不克乃以偏師入平樂過臨桂夾攻堅〻大敗退保靜江平章使人招降堅發弩射之攻三月堅夜不解甲前

後百餘戰城中死傷相藉訖無降意城東隅稍卑大軍陽攻西門以精兵夜決水睥攻東門破其外城塹閉内城〻守又破之塹卒死士巷戰刀傷臂被執殺之斷其首猶握拳奮起立踰時始仆

鄧得遇字達夫卭州人淳祐十年進士調寧遠主簿改知南昌縣通判隆興府監行在藏庫出知昭州遷廣西提點刑獄逾年攝經略事兼知静江府德祐元年長沙被

兵得遇遣都統馬驥馬應麒赴援驥潛叛而還得遇斬之軍事悉委之應麒未幾馬墜行閫議事不合二年移治蒼梧靜江破得遇期服南望拜辭書幅紙云宋室忠臣鄧氏孝子不忍偷生寧甘溺死彭咸故居乃吾潭府屈公子平乃吾伴侶優哉悠哉吾得其所遂投南流江而死

劉子薦字貢伯安福人父夢驥以進士歷官知澧州沒于王事子薦以父勳任湘鄉

尉以獲盜功調撫州司録決王應亨疑獄事聞頒諭天下之為理官者改知贛縣監行在左藏庫通判常德府知融州以廉靜著聞主管仙都觀廣西經畧司檄為參議官德祐二年十一月北兵至静江權經畧使馬墍遣子薦提徑兵藥弩手守城〻東門勢不支時瀛國公已入燕子薦取箚書其上云我頭可斷膝不可屈登城北望再拜取所服衣袍瘞之語左右曰事急不可

為吾惟有以死守或諷子薦遁去子薦曰
死事義也何以遁為竟死之
平蠻頌
朝議郎守尚書禮部郎中上柱
國韓雲卿撰　朝議郎守梁州
都督府長史武陽縣開國男翰林
待詔韓秀實書　　州府户曹
參軍李陽冰篆額
惟大曆十二年桂林象郡之外有西原賊
率潘長安偽稱安南王誘脇夷蠻連跨州

邑鼠伏蟻聚賊害平人南距雕題交趾西控昆明夜郎北泊黔巫衡湘彌亘萬里人不解甲天子命我隴西縣男昌夔領桂州都督兼御史中丞持節招討斬首二百餘級擒獲元惡并其下將卒八十四人生獻闕下其餘逼逐俘虜二十餘萬並給耕牛種糧令還舊居統外一十八州牧守羈縻反覆歷代不賓皆受首請罪願為臣妾嘉其自新俾守厥舊商農漁樵各復其業悼

耋鰥寡各安其宅變氛沴為陽煦化嶮阻
為夷逮五嶺之人若出玄泉而覩白日如
蹈烈火而蒙清　飛書上聞復詔嘉焉公
卿百辟將校耆艾咸願歌誦勳烈以銘于
石其辭曰皇帝嗣位十有五載淳風橫流
聲教無外蠢茲蠻陬肆其蜂蠆恃遠怙險
為人蟊害爰命隴西挾節討綏訓我師徒
如虎如貔卷旗釋甲先喻德澤稔惡弗懲
含蠆弗息矯矯隴西勵尔矛鋋鼓奮重泉

兵揚九天出其不意億萬踣顛來者面縛
亡者染鍔捜洞索穴覆其巢宅若鼓洪爐
燎彼毛毳若振飄風摧乎朽脆海嶠濛濛
再開天光俾祲作咊化戎為農三軍卧鼓
四鄙罷柝原野蕭條萬里澄廓明主是嘉
罷人是康銘之嶺門用垂無疆

平蠻碑　廣西經略使余靖撰

聖宋體天法道欽文聰武聖神孝德皇帝
在位之三十一年天宇之内海渚之外氈

裘卉服罔不率俾粵五月蠻賊儂智高寇邕州陷其郭賊虐衣冠驅虜稚艾遂沿鬱江東下所過郡縣素無壁壘倏然寇至吏民棄走因得焚蕩剽鈔無所畏憚乃攻圍廣州五十餘日不克大掠其民而去然所存者官舍倉庫而已百年生聚異域珍玩埽地無遺矣國家于嶺南不宿重兵故賊起三月而後師集蔣偕張忠義號驍將相繼而覆沒由是畏懦者望風潰走賊鋒益

熾逼連賀毀昭賔再穴于邕矣驛騎繼聞
上甚憂之樞密副使狄公青以為將帥之
任古難其才若再命偏裨事一不集則二
廣之地患熾而不解矣亟自請行天子韙
之遂改宣徽南院兼荆湖南北路宣撫使
都大提舉廣南東西路經制賊盜事九月
拜命既授禁旅仍啓以舊鎮兵及荆湖銳
卒從行十二月至桂林督部伍親金鼓然
後兵知節制矣明年正月甲辰至賔州先

是鈐轄陳曙領步兵八千潰于崑崙之關公推其罪首斬曙及犹吏已下三十一人然後人知賞罰矣兵將股慄咸思用命是月己未引師至邕城一舍賊悉其徒以逆戰公之行師雖倉卒道途皆有行列賊至駐先鋒以接之公憑高望撝騎兵以翼焉賊徒大敗追奔十五里斬首二千二百餘級生擒五百人尸甲如山積于道路偽署將相死者五十七人是夕智高焚營自遁

復入于鑾中先是命湖南西路安撫使樞
密直學士孫沔入内押班石全彬過嶺与
廣西經畧使余靖同共經制東西路盜賊
故命公都大提舉然孫石賛謀而軍中悉
禀公之節制賊之再擾邕也農者輟耕商
者輟行遠近惶惶不聊其生及公之拜命
也朝野之論中外歡然以方召之才兼機
軸之重出剪狂蠻無噍類矣賊之巢穴曰
廣源州交趾之附庸也交為交趾所戮遂

棄其州奔南蠻界中淵藪悖傲以僭稱號
自名其居曰雲南道又曰南天國再名其
年曰景瑞曰啓曆雜名其左右之人自侍
中開府以下署之其主謀者黄師宓儂建
侯儂志忠等戰没于陣未有剪其羽翼而
能飛刳其腹心而能全者也故宵遁矣嗚
呼智高之謀十餘年間招納亾叛共圖擧
事十餘月間連破十二郡所向無前夫豈
自知破碎奔走在于頃刻之間乃知名將

攻取真自有體哉二月甲戌改秉轅其月
丁亥至桂州詔從護國置節度以樞密
副使召仍曲赦嶺南民得休息矣遂磨桂
林之崖石以書其勲其辭曰有宋之大天
覆地載四海正朔百蠻冠帶蠢茲狂寇起
于徼外父戮于郊逃死獠界招納亡命浸
淫邊害邊臣罔上失職以忤卒陷邕郭乘
流東邁志圖全越肆其蜂蠆廣城言言梯
衝附焉攻之五旬掠民而旋賊鋒一至千

里無煙還據于邕五嶺騷然天生狄公輔
聖推忠情存義烈志嫉頑兇請纓即路伏
節臨戎英材遂集猛將風從賊之敢鬬實
惟天誘來迓於郊奄喪羣醜當我推鋒易
如摧朽僣補僞署叢然授首羽翼既剪心
腹既刳雖欲再舉人誰與圖焚廬而去回
巢以連六親不保日獻其俘厥惟邕邊南
國之紀九洞襟帶列城唇齒險固一失兵
糧無峙庶民嗷嗷烏驚獸跂我公之來電

埽雲開叛蠻斗破綱領重恢師成廟算民得春臺天聲遠振繫公之材

平交趾記　提點刑獄李師中撰

嘉祐五年六月交趾甲洞申紹泰率衆犯邕州境巡檢宋士堯等逆擊死之上聞乃召侍郎余公靖于青州面諭曰以卿熟嶺南事令授卿體量安撫使亟往無辭繼以如京使知邵州賈侯師熊副之擇材勇者自從即荆湖兵以行其年冬至邕遣介召交

趾用事者費嘉祐于麾下詰之嘉祐訴云本無惡心但近邊種落苦邕人侵擾含怨不能自明乃相聚以起誤犯官軍以地遠不易知請歸就治自今敢入寇者斬約束定乃去噫五刑不明小雅盡廢則蠻夷猾夏寇戎姦宄作矣自責深者其心恕自任重者其功遠惟天眷佑下民惟君奄有天覆一物失所當自計利害勞費力与蠻夷較勝負真忍人哉韓愈罷徵功之人李固

駁用兵之議者其有意于根本矣今既黜邕守用廉重仁明者公又畫一為令以謹疆里盡去前時徭役之害民者使後人知勝計在此不在彼專于自治以撫斯民外安物情中葺邊備公之慮遠矣哉既還老幼遮道曰我公無歸以保我生師中舊學于經得褒貶之義顧桂之北青壁萬尋礱而刻諸以為公作記其威令有未究者公將復命因請師中不敏尚能為公志之

桂州瘞宜賊首級記

廣西去國既遠自有邊事主兵之臣懷詐事上專用姑息以取官賞民益受獘賊益得計以至于不可救療慶曆四年正月十三日宜之環州有賊歐希範挾怨聚黨攻其州下之明日破帶溪普義又明日破鎮寧遂其　自稱神武定國令公桂牧内以世賊蒙趕深溝高壁乘宜州無備將以　龍江而揺二廣也于時主者出

兵捍禦雖頗攘定而賊方繕完器甲張
勞安撫納故事四月以刑部員外郎集
賢杜公杞為轉運按察使得便宜追討八月十
二日公自至京師涉桂蹈宜駐旌于環經
沉謀揆遠　謂安化種類頻至深入使吾
數千里之氓夫耕婦織不能供命而瀕于
死者趨寘為之地今不并誅是雖得希範
猶不得也亦既禽趕明年正月七日縛希
範于荔波之古綰寨十三日械至環州二

十九日誅希範蒙趕及其偽置官屬二百四十有三人于宜州之城下配隸之外并前斬首揔一千四百九十四級公命分送諸郡之以示衆而臨桂居四分之一于乎是桂之官吏相與謀曰古之誅大惡者必為京觀所以示戒懼于其後也今此小醜敢行稱亂惡已鉅矣宜歛而封之以應古誼然後盡以所命即北郊而瘞之章大戮焉公之成功藏在冊府異時死者得葬

生者得息含哺鼓腹無征輸之患傳諸故老之口而不見公之顔色又無紀述以形盛德之美何以慰南人之思哉因畧叙其粗而著之石云時乙酉三月六日欽州軍事推官將仕郎試秘書省校書郎權節度推官孔延之記

灕山人曰守國設險必資形勝自古記之矣桂雖多山然皆特起不任屏蔽江瀨之淺可涉而過其險惡足恃哉虞慶則一時

狂言賓速自斃故李襲志堅拒僚佐據桂之策可謂英識雖然遭世隆平寓内熙豫鴻雁不歌干側戎馬不生於郊山川雖小亦足游詠不惟可暢越鄉之懷間行周覽土壤之腴瘠民居之多少瞭然在目因事創畫廣為便利得蒙游豫之助不少有事則糾合士衆為國家守封疆萬一不濟如周馬諸公去千百世風烈如在雖倡義自諸公協心戮力不辱斯土者非桂之人乎

余故以為不忝有禮之國乃若諸蠻非我族類怙亂不剪耕牧無所抑四境臥不安席命駕造野祗以攬心或曰張莊平允從州程鄰藥允州蠻且樂附山有麗篆何可廢諸曰開邊徼功為國生事宋史非之張虛羡而導侈心不得不黜之以塞禍源焉乃若周馬諸公舉祠與否非野人所敢議蓋章節表忠用勸來者其柄在上即

國初死元事之人遠懋安豈近愧東莞然

律以大義各爲其主亡足怪也

桂勝序

粵自神禹鑄鼎象物凡域寓内山川載在職方者盖詳矣𢧐然其大者固按牒可攷若阻遠幽窅或闚眺所未及即書不具載載不加詳而山川之勝槩與夫往哲之芳蹟往往幾于湮滅希縱方外者恒三竊嘆云余不佞

性耽幽癖每見一泉一石輒戀
戀不能舍去殆自幼已然比筮
仕雲江躬繫簿書不遑遊覽即
青原之勝未遂登臨迄今不無
悵想後繇省垣出參浙藩總儲
務公署即倚吳山下時邀客飛
觴得快心于十景之巔尋遷右
轄入閩則與武夷君為莫逆允

三徜徉於九曲追致江右政歸偕同年王敬美遨遊匡廬尋廉洞天池之勝再信而行自是得反初服囬思寓內奇觀浙曰吳山閩曰武夷楚曰匡廬景勝甲天下余宦轍所經具得託足遨覽而其間峙者流者幽者怪者收填胷次庶幾乎風韻可償既

歸田暇豫闢百畝之園為頤庸之所邑故多奇石手自掄選乎地為山隨意區畫名曰卷石小境盤桓終日自適其天容與將九載偶於夢寐中神遊攀岩陟巘非生平所覩又或夢有餽奇石盈庭堪賞既寤直以夢視之未幾奉

詔起西川捫參歷井烏道天梯歷經艱險及入粵見風洞華景諸巖佳勝寰中罕儷又
靖藩諸王孫間以奇石相遺恍若徃日夢中景象因公餘周覽桂林之勝陟降巒巖遡洄洲嶼靡匪奇選其勝以山計者曰獨秀曰灕曰雉曰南溪曰伏波之類

凡十有八以川計者曰灕江曰陽江曰南溪曰彈丸曰訾家洲之類不一而足且磨崖鑱字皆古名人詩賦其上每臨眺間則簇峯澄練與目謀松篁澗瀨與耳謀而詩篆之幽麗奇絕者又與心謀色色象象總命曰山川之勝而叢聚于桂林即吳山武

夷臣盧當不少讓顧彼三勝者
炳炳圖志中而桂獨無有竊為
山靈怏怏因别駕張君羽王素
稱博雅且世居灕山下為山川
主人與余有舊誼相過遂以志
屬爲君遜謝不能因諷以有勝
如此不如無有之語又請為君
供剮墨之需而藩使管君世臣

徐君君羽復從臾焉君於是旁搜傳採援古質令凡諸山之巑岏諸川之邈絕及數百年之古文遺事郡國政績文獻流寓彙摩編成帙凡二十有四卷前十六卷為桂勝志勝縣也後八卷為桂故志故實也二志作而山川之幽僻古蹟之幾于沉晦者

至是悉顯直與吳山武夷匡廬諸志相彪炳俾宦遊茲土者得按圖攬勝則勝與志合見與聞合幽懷益暢而詠賦益增即未涉足于桂者亦展卷瞭然如指諸掌而山川藉是永有聞于四方矣張君之功甚偉而不佞之幽癖及夢所感徵庶不孤哉庶

不孤哉是可為桂之山川賀矣
余因命臨桂何令太庚授之剞
劂氏以廣其傳云　旹
萬曆庚寅孟春之吉
欽差總督兩廣軍務兼理糧餉帶管
鹽法兼巡撫廣東地方兵部右
侍郎兼都察院右僉都御史中
都節齋劉繼文撰

嘗讀柳子厚訾家洲記稱桂林多靈
山拔地峭起林立四野意欣然嚮之
顧去松數千餘里欲一登眺無繇也
萬曆己丑夏會余奉
命塡撫西陲道衡湘入桂林驟見石峯
交立雲表左顧右盼令人輒轄久廼
知郭以内為獨秀疊綵華景諸山其
外則栖霞彈丸龍隱峙其左隱山西

峯中隱踞其右又伏波灕雉旁跨江水水則灕陽二江會於灕山沕潏南湊以入海而訾家洲寔為之襟喉此其大觀也余未遑周覽即一二所覩記峯巒鋭者筆聳劍植稍有起伏或旆而麾或几而憑又或列甗可炊或端笏以謁其平者屏倚幕張詭麗非一中有巖洞或堂或室或闕或閣乳

疑皆繡諸石騈附者又千態萬狀尚訝子厚所稱為未備云且海内名山稱鉅麗者豈少哉然皆數峯而止廼桂城内外不出數里而玉笋瑤簪森列若此抑又奇矣先是督府大司馬節齋劉公游而樂之謂勝槩不可無紀因張君羽王博雅能文且世家灕山麓遂以屬筆張君於是原本山川

采輯題咏為桂勝又因桂勝摭拾前
聞補葺遺事而桂故作焉蓋志形勝
所以表山川而志故實所以徵形勝
他無關於形勝者不與也故桂勝出
則不出戶而可以神遊桂故出即未
暇咨詢一展卷而其人與事瞭然在
目其有功於山川甚偉非徒備野史
已也書成司馬公既序而付之梓謂

余乃山川主人宜序諸末或有進言于余者曰粵西岩穴即荒州下邑往往多奇絶匪直桂也顧罙阻幽遐非遊人墨客所能至而其鄉之人又無如張君者可以表揚之以故垔滅弗彰今桂之勝得司馬公而著聞山川顯晦信非偶矣余不其然山川鍾秀效靈不以時間又安知繼今來不有

棵奇好古如司馬公搦管能文如羽王氏者出以續全省之勝以補文獻之遺豈不尤偉也哉此亦司馬公意也余請注目以竢旹

萬曆庚寅清和穀旦

欽差巡撫廣西地方都察院右副都御史前兵科都給事中侍經筵官華亭蔡汝賢撰

《文淵閣四庫全書》本《桂勝》書前提要

臣等謹案：《桂勝》四卷《桂故》八卷，明張鳴鳳撰。鳴鳳有《西遷注》，已著録。是二書並成於萬曆己丑。《桂勝序》題『七月朔』，《桂故》序題『五月六日』。劉繼文序稱『前十六卷爲《桂勝》，志桂概也；後八卷爲《桂故》，志故實也』。鳴鳳《桂勝》自序亦稱『外《桂故》八卷，用輔以行』。《桂故》自序稱『余志《桂勝》，竊迹前事』云云，則二書相因而作，實一書也。今以其卷帙煩碎，文義斷缺，併《桂勝》爲四卷，而《桂故》則仍其舊。按《桂勝》以山水標目，各引證諸書敘述於前，即以歷代詩文附本條下，而於石刻題石之類，搜採尤詳。又隨事附以考證，多所訂正。董斯張《吴興備志》、朱彝尊《日下舊聞》即全仿其體例，於地志之中最爲典雅。《桂故》分郡國、官名、先政、先獻、游寓、襍志六門。郡國，考歷代沿革，詳列史志，辨今之『桂林』非古之『桂林』。官名，則臚舉歷代之制。蓋疆域明則先獻有所斷限，職制明則先政有所徵驗，乃不至如他志書，人物、名宦附會牽合，故以冠於首。其先政、先獻，人各爲傳，大抵鎔鑄舊文，剪裁蔓語，務取其有關是土，而不濫涉其生平。又多採金石之文，不盡取諸史籍，故其詞簡而不支，博而有據。其游寓、雜志亦多據題名碑碣，姓名年月，歷歷可稽。在明代輿記之中，於康海《武功志》、韓邦靖《朝邑志》外，自爲別調，可以鼎立而三，他家莫之逮也。二書所載，皆止於南宋，蓋年遠者易湮，時近者易濫，詳人所略，略人所詳，其書乃博贍而有體。是又鳴鳳創例之微意歟？乾隆四十六年十二月恭校上。

總纂官臣紀昀、臣陸錫熊、臣孫士毅；總校官臣陸費墀。

《桂勝》十六卷（浙江鮑士恭家藏本）附《桂故》八卷（兩淮鹽政採進本）

明張鳴鳳撰。鳴鳳有《西遷注》，已著録。是二書並成於萬歷癸丑。《桂勝》序題『五月六日』，《桂故》序題『七月朔』。劉繼文序稱『前十六卷爲《桂勝》，志桂概也；後八卷爲《桂故》，志故實也』。鳴鳳《桂勝》自序，亦稱『外《桂故》八卷，用輔以行』。《桂故》自序稱『余志《桂勝》，竊迹前事』云云。則二書相因而作，實一書也。《桂勝》以山水標目，各引證諸書，敘述於前，即以歷代詩文附本條下。而於石刻題名之類，蒐採尤詳。又隨事附以考證，多所訂正。後董斯張《吴興備志》、朱彝尊《日下舊聞》即全仿其體例，於地志之中最爲典雅。《桂故》分郡國、官名、先政、先獻、游寓、雜志六門。郡國，考歷代沿革，詳列史志，辨今之桂林非古之桂林。官名，則臚舉歷代之制。蓋疆域明則先獻有所斷限，職制明則先政有所徵驗，乃不至如他志書人物、名宦附會牽合，故以冠於首也。其先政、先獻，人各爲傳，大抵鎔鑄舊文，剪裁蔓語，務取其有關是土，而不濫涉其生平。又多採金石之文，不盡取諸史籍，故其辭簡而不支，博而有據。其游寓、雜志，亦多據題名碑碣，姓名年月，歷歷可稽。在明代輿記之中，於康海《武功志》、韓邦靖《朝邑志》外，自爲别調，可以鼎立而三，他家莫之逮也。二書所載，皆止於南宋。蓋年遠者易湮，時近者易濫，詳人所略，略人所詳，其書乃博贍而有體。是又鳴鳳創例之微意歟？

（《四庫全書總目》卷七十，史部二十六，地理類二）